GESTIONA CON EXITO UN CAMBIO PROFESIONAL

GESTIONA CON EXITO UN CAMBIO PROFESIONAL

El compañero esencial de
Los primeros 90 días

MICHAEL D. WATKINS

Gestiona con éxito un cambio profesional
Master Your Next Move

Original work copyright © 2019 Michael D. Watkins
Published by arrangement with Harvard Business Review Press

© Harvard Business School Publishing Corporation, 2019
All rights reserved.

© **Editorial Reverté, S. A., 2020**
Loreto 13-15, Local B. 08029 Barcelona – España
revertemanagement@reverte.com

Edición en papel
ISBN: 978-84-17963-10-1

Edición ebook
ISBN: 978-84-291-9559-0 (ePub)
ISBN: 978-84-291-9558-3 (PDF)

© Betty Trabal, 2020, por la traducción

Editores: Ariela Rodríguez / Ramón Reverté
Coordinación editorial y maquetación: Patricia Reverté
Revisión de textos: Mariló Caballer Gil

Impreso en España – *Printed in Spain*
Depósito legal: B 6765-2020
Impresión: Liberdúplex

1501

Para mi madre, Denise, cuyo coraje y resiliencia siempre me han inspirado.

ÍNDICE DE CONTENIDOS

Agradecimientos   xi

Introducción: Gestiona con éxito un cambio profesional   1

Las carreras exitosas como una serie de transiciones desafiantes hacia nuevas funciones. Estudio de los diferentes tipos de transiciones. Diagnosticar los retos de la adaptación personal y del cambio organizacional para saber a lo que te enfrentas.

1. El reto de la promoción   11

Entender qué es el «éxito» en un nivel superior en la jerarquía. Adaptar tu orientación y tu enfoque a la delegación. Desarrollar nuevas competencias de liderazgo y fomentar tu «presencia».

2. El reto de liderar a antiguos compañeros   39

Haber sido promocionado y tener que dirigir a aquellos que antes eran tus compañeros. Establecer hábilmente tu autoridad en la nueva función. Reingenierizar las relaciones existentes. Tratar con antiguos compañeros que generan problemas.

3. El reto de la diplomacia corporativa   61

Cambiar de un puesto de autoridad a otro en el que, para que las cosas salgan bien, es esencial tener una gran capacidad de influencia. Trazar el terreno de la influencia. Desarrollar alianzas de apoyo.

4. El reto de la incorporación a una nueva empresa   81

Incorporarte a una organización nueva y adaptarte a una nueva cultura. Los pilares de una incorporación efectiva. Desarrollar la «red de conexiones» políticas correcta. Alinear las expectativas altas, bajas y laterales.

5. El reto de un traslado internacional   111

Trasladarte a un país nuevo y liderar a gente con una cultura desconocida. Trasladar a la propia familia y volver a desarrollar todo el sistema de apoyo. Prepararte para la incorporación. Empezar a colaborar con el equipo y la empresa.

6. El reto de la transformación   133

Transformar una organización que tiene graves problemas y ver cómo salvarle de la destrucción. Diagnosticar la situación, diseñar el modelo empresarial, dirigir el ajuste y adaptarte dinámicamente.

7. El reto de la reestructuración   157

Enfrentarte a una organización que niega la necesidad de un cambio. Crear una sensación de urgencia antes de que los problemas que hay bajo la superficie provoquen una crisis. Adaptar tu estilo de liderazgo a la situación.

8. **El reto de la cartera STARS** 179

Liderar una organización en la que las diferentes partes están en diferentes fases: *start-up*, transformación, crecimiento acelerado, reestructuración y éxito sostenido. Averiguar dónde concentrarse y cómo generar impulso.

Conclusión: diseñar sistemas de transición-aceleración 197

Conocer las transiciones por las que está pasando la empresa. Desarrollar unos sistemas unificados para acelerar la transición. Adaptarte a los tipos de transiciones. Emplear el coaching, los programas y el e-learning.

Notas 207
Índice 211
El autor 219

AGRADECIMIENTOS

Muchos de los ejemplos que he expuesto en este libro han sido extraídos de las conversaciones que he mantenido con líderes en transición. Uno de ellos, Mark Clouse, me explicó detalladamente los problemas de las transiciones internacionales y el capítulo sobre ese reto está inspirado en nuestras muchas conversaciones. Otros directivos cuyas experiencias han contribuido en gran medida a este trabajo son Oray Boston, Harald Emberger, Barbara Schwartz, Rick Searer, Doug Soo Hoo y Bas van Buijtenen. Muchas gracias a ellos por compartir conmigo sus conocimientos y sus recomendaciones para mejorar el manuscrito.

He podido clarificar mis ideas sobre los tipos de transiciones gracias a participar en el programa Orchestrating Winning Performance (OWP) del IMD y a las conversaciones con mis compañeros del programa. Muchas gracias a Bala Chakravarthy, Carlos Cordon, Dan Denison, Albbrecht Enders, Robert Hooijberg, Peter Killing, Jean-François Manzoni, Don Marchand, Maury Peiperl, Stuart Read, David Robertson, Phil Rosenzweig, Paul Strebel y Jack Wood.

Muchas gracias a Jeff Kehoe y a Roberta Fusaro de Harvard Business Publishing. Jeff ha sido un excelente defensor de mi trabajo durante varios años y es un asesor enormemente valioso. Roberta es una editora de gran talento con la que he tenido el gusto de trabajar.

Por último, agradezco a mis compañeros de Genesis que hayan trabajado arduamente para desarrollar una empresa que pone en práctica estas ideas, que las prueba y las pone en práctica en nuestros procesos de productos y *coaching*.

Gestiona con éxito un cambio profesional

Las transiciones a nuevas funciones son momentos sumamente difíciles en la vida profesional de un líder. Esta es una afirmación atrevida pero cierta, que está respaldada por más de una década de estudio y de experiencia profesional. Si consigues avanzar con éxito por la curva del aprendizaje, desarrollar las relaciones claves y conseguir victorias tempranas, tu dinamismo te impulsará el resto del tiempo en tu nueva función. Pero los errores que cometas al principio crearán una mala impresión inicial, generando así espirales de *feedback* negativo que te harán creer que no estás capacitado para el nuevo puesto que te han asignado. Si no controlas ese *feedback* negativo corres el riesgo de acabar en una espiral descendente, de la que te será difícil —incluso imposible— recuperarte.

Escribí *Los primeros 90 días*, un libro del cual *Gestiona con éxito un cambio profesional* es un compañero esencial y una guía de referencia, porque he visto a muchos líderes meterse en problemas innecesarios cuando han empezado a desempeñar una nueva función. Cometen errores típicos como, por ejemplo, no estudiar a fondo la cultura y la política de la nueva organización, llegar con «la respuesta», intentar hacer mucho lo antes posible o no ajustar las expectativas, y por culpa de ello pagan el precio inevitable del descarrilamiento o del bajo rendimiento.

Por eso decidí a crear una estructura y unas herramientas que pudieran aplicar los líderes que se encuentran en una transición hacia una nueva función. Para ello, busqué *qué tenían en común las transiciones*, y no *qué tenían de diferente*, y lo resumí en una estructura de ocho elementos y en un conjunto de herramientas que los líderes de todos los niveles pueden aplicar para acelerar sus transiciones y que están resumidos en el cuadro «Estructura de los primeros 90 días».

Estructura de *Los primeros 90 días*

Para prosperar en una nueva función es necesario dar unos pasos:

1. **Acelera tu aprendizaje.** El aprendizaje eficiente y efectivo es esencial para hacer una transición con éxito. Cuanto antes conozcas las dimensiones técnicas, culturales y políticas de tu nueva posición o asignación, mejor será tu rendimiento en los críticos primeros meses.

2. **Adapta la estrategia a la situación.** Cada situación empresarial exige hacer ajustes importantes en la manera de planificar y poner en práctica la transición. Para desarrollar tu plan de acción es imprescindible que previamente realices un diagnóstico claro de la situación.

3. **Negocia el éxito.** Tendrás que averiguar cómo desarrollar una relación laboral productiva con tu nuevo jefe (o jefes). Esto implica planificar con cuidado una serie de

conversaciones fundamentales sobre la situación, las expectativas, el estilo de trabajo y los recursos.

4. **Consigue la alineación perfecta.** Cuando ya conozcas a fondo la situación de la empresa, las expectativas de tu director y los intereses de los principales implicados, podrás definir tu visión y los objetivos centrales. Podrás desarrollar tu estrategia para hacer realidad tu visión y conseguir tus objetivos.

5. **Desarrolla tu equipo.** Es bastante probable que no tengas que crear tu propio equipo, sino que heredes el de tu predecesor; pero sí que tendrás que evaluarlo y reformarlo rápidamente para después organizarlo y orientarlo hacia la consecución de tus objetivos.

6. **Asegura algunas victorias tempranas.** Conseguir algunas victorias tempranas es esencial para ganarte la credibilidad y generar dinamismo. Las victorias crean unos ciclos virtuosos que aprovechan la energía que aportas a la organización para crear una sensación de están ocurriendo cosas positivas.

7. **Crea alianzas.** No podrás conseguir mucho por ti mismo, sino que tendrás que crear alianzas que defiendan tus iniciativas clave. Esto quiere decir identificar a aquellos cuyo apoyo necesitas y desarrollar un plan para subirlos a bordo.

8. **Mantén tu equilibrio.** A lo largo de tu transición vas a tener que trabajar duro para mantener tu equilibrio, controlar tu energía y conservar tu habilidad de tomar buenas decisiones. Tendrás que ser disciplinado para decidir qué vas a hacer y qué no vas a hacer y tendrás que invertir tiempo en desarrollar y aprovechar una red adecuada de asesores.

Los retos de los diferentes tipos de transición

Desde la publicación de *Los primeros 90 días*, he estado trabajando con cientos de líderes que han aplicado los conceptos y las herramientas del libro para acelerar sus transiciones. A pesar de estar agradecidos por la ayuda, algunos de ellos me han planteado cuestiones difíciles, la mayoría de ellas referentes a cómo aplicar los principios básicos del libro en los diferentes tipos de transición a los que se enfrentaban.

> «Me han ascendido de subdirector de marketing a director general, y no sé en qué me tengo que centrar».

> «Me han cambiado de una función operativa a un puesto en el departamento regional de recursos humanos y siento como si estuviera atascado en arenas movedizas».

> «Me han trasladado a una función de la cadena de suministro en Indonesia, y no tengo ni idea de cómo operar en esta nueva cultura».

Gestiona con éxito un cambio profesional es mi respuesta a estas preguntas. Mientras que en *Los primeros 90 días* explico los principios comunes para hacer una transición exitosa, en este libro hablo de los problemas que surgen en cada uno de los tipos de transición y de cómo aplicar esos principios a cada situación concreta. La estructura general de *Los primeros 90 días* se puede aplicar a cada transición, pero la forma de aplicarla es totalmente diferente si te han promocionado a un nivel superior, si te has incorporado a una nueva organización o si te han trasladado a otro país. Si no conoces las exigencias propias de cada transición por la que estás pasando, es muy probable que fracases.

¿Cuáles son los tipos de transición más comunes a los que se enfrentan los líderes cuando asumen una nueva función? Después de pensarlo mucho y basándome en mis estudios y en mi experiencia, he seleccionado los ocho tipos de transición más comunes. En cada capítulo de este libro se trata uno de estos tipos de transición.

1. El reto de la promoción. Ascender de nivel y saber qué es necesario para prosperar en la nueva posición, incluidos los temas del enfoque, la delegación, el desarrollo de las competencias de liderazgo y cómo mantener una presencia adecuada.

2. El reto de liderar a antiguos compañeros. Un cambio importante cuando has sido promocionado es la de tener que dirigir a un equipo que incluye a tus antiguos compañeros, con los problemas que ello conlleva a la hora de establecer tu autoridad o de reorganizar las relaciones existentes.

3. El reto de la diplomacia corporativa. Cuando pasas de una posición de autoridad a otra tendrás que influir positivamente en los demás y, por lo tanto, deberás determinar el ámbito de la influencia e identificar a las personas clave y sus agendas, para desarrollar alianzas de apoyo.

4. El reto de incorporarse a una nueva organización. Incorporarse a una nueva organización y lidiar con la necesidad de entender y adaptarse a la nueva cultura, desarrollar el «entramado» político correcto y ajustar las expectativas con tu nuevo jefe, tus compañeros y otras personas importantes.

5. El reto de un traslado internacional. Dirigir a gente que pertenece a una cultura desconocida y, al mismo tiempo, trasladar a tu familia y crear un nuevo sistema de apoyo.

6. El reto de una transformación. Transformar una organización que está en apuros y ver cómo puedes salvarla.

7. El reto de la reestructuración. Heredar una organización que niega la necesidad de cambiar y crear una sensación

de urgencia antes de que los problemas subyacentes exijan emprender una transformación.

8. **El reto de la cartera STARS.** Liderar una organización en las que diferentes partes están en diferentes fases — *start-up*, transformación, crecimiento acelerado, reestructuración y éxito sostenido—, y averiguar dónde enfocar tu atención y cómo generar impulso.

No se trata en absoluto de una lista definitiva de todos los tipos de transición por los que podrías pasar en tu carrera. En esta lista no están los problemas de ascender para desempeñar un cargo recientemente creado, de cambiar de una función a otra o de pasar a ocupar un puesto multifuncional por primera vez. Tampoco aparecen algunos de los problemas específicos del cambio organizacional como, por ejemplo, mantener el éxito, integrar una adquisición o cerrar una oficina que no funcione.

Al final, he tenido que conciliar las exigencias contrapuestas de la integridad y la compacidad. Estos ocho tipos de transiciones son una lista razonablemente detallada de las transiciones más difíciles con las que te encontrarás ahora y en el transcurso de tu carrera. Hoy en día son prácticamente universales en las carreras de liderazgo; su ubicuidad y atemporalidad indican que los líderes que eficientemente se enfrenten a ellas serán mucho más exitosos. De hecho, si consigues prosperar en alguno de estos ocho tipos de transiciones prosperarás en prácticamente cualquier otro tipo de transición.

Cómo utilizar este libro

Gestiona con éxito un cambio profesional ha sido diseñado para utilizarlo conjuntamente con *Los primeros 90 días*, donde se presenta una estructura general y las herramientas para realizar transiciones exitosas. Este libro te ayudará a entender mejor cómo aplicar los principios y las herramientas de *Los primeros 90 días* en cada tipo de transición específica. Encontrarás consejos específicos sobre cómo prosperar cuando hayas sido ascendido, cómo liderar a tus antiguos compañeros, cómo incorporarte a una nueva organización o cómo enfrentarte a un nuevo tipo de situación empresarial.

Si acabas de asumir un nuevo cargo, es probable que varios de estos capítulos te resulten útiles. Mis estudios demuestran que los líderes que asumen nuevas funciones casi siempre experimentan *simultáneamente* dos o más tipos de transición. Empieza pues identificando por qué tipos de transición estás pasando ahora y concéntrate primero en esos capítulos. La evaluación del cuadro «Diagnostica los retos de tu transición» te ayudará a hacerlo. De todas formas, conforme avanzas en tu carrera, llegará un momento en el que probablemente tengas que leerlos todos.

Los primeros cinco capítulos —los que versan sobre la promoción, liderar a antiguos compañeros, liderar sin autoridad, la incorporación a una nueva empresa y los traslados internacionales— tratan los tipos más comunes de *problemas de adaptación personal.* Estas son situaciones en las que tú, el líder que asume una nueva función, tienes que *trabajar contigo mismo* para prosperar. Si te estás enfrentando a un reto de adaptación personal, deberás preguntarte: teniendo en cuenta mi historia, mi mentalidad y mis capacidades, ¿cuáles son mis prioridades de desarrollo? Si me han promocionado, si me he incorporado a una nueva empresa, si he cambiado de país o si se da alguna combinación de estas situaciones, ¿en qué tengo que cambiar mi forma de actuar? ¿Qué es lo que tengo que hacer más y qué es lo que tengo que hacer menos? ¿Qué competencias tengo que desarrollar? ¿Qué ajustes en mi estilo de liderazgo tengo emprender? Estos cinco capítulos ofrecen, además de consejos detallados para tratar cada uno de los problemas de adaptación personal, unas herramientas que podrás aplicar en cada situación específica.

Los últimos tres capítulos del libro tratan distintos tipos de *retos del cambio organizacional.* En este caso, la clave está en descubrir cómo adaptar tu manera de enfocar el liderazgo del cambio a cada una de las situaciones empresariales que has heredado. En el libro *Los primeros 90 días* desarrollé una estructura denominada «el modelo STARS» para ayudar a los líderes que asumen nuevas funciones a hacerlo. STARS es el acrónimo en inglés de las cinco situaciones empresariales más comunes a las que se enfrentan los líderes: *start-up, transformación, crecimiento acelerado, reestructuración* y *éxito sostenido.* El modelo STARS describe las características y las dificultades de, respectivamente, lanzarse a una aventura o un proyecto, de encarrilar una mala situación, de enfrentarse a una rápida expansión, de revitalizar una empresa que fue líder pero que ahora tiene serios problemas y de mantener el éxito de una empresa de alto rendimiento y quizás seguir los pasos de un líder altamente respetado. Los capítulos presentan unas estrategias específicas para liderar el cambio en tres de los escenarios más comunes: la transformación, la reestructuración y enfrentarse a una combinación compleja de escenarios STARS.

Diagnostica los retos de tu transición

En la mayoría de los cambios para desarrollar un nuevo cargo intervienen al mismo tiempo varios tipos de transición. Cuantos más tipos de transiciones ocurran simultáneamente, más importante será el reto.

¿Cuántos tipos de transiciones de los que se citan a continuación estás experimentando en tu nueva función?

1. Empieza haciendo un círculo en «Sí» o «No» para determinar por qué tipos de transición estás pasando.

2. Evalúa la dificultad relativa que tiene para ti cada tipo de transición que has identificado utilizando una escala que va del 1 (muy fácil) al 5 (muy difícil). Por ejemplo, si has sido promocionado y te has incorporado a una empresa nueva, ¿qué transición está siendo más difícil para ti?

3. Suma los círculos en la tercera columna para calcular una cifra aproximada de la magnitud del problema de transición general.

4. Ahora concéntrate en los capítulos de este libro que tratan sobre los tipos de transición por los que estás pasando y que encuentras más difíciles.

Tipo de transición	¿Es tu caso?		Grado de dificultad
1. Ser promocionado a un nivel superior.	Sí	No	1 2 3 4 5
2. Liderar a tus antiguos compañeros (suponiendo que hayas sido promocionado).	Sí	No	1 2 3 4 5
3. Cambiar a una nueva función en la que tienes que liderar sin autoridad.	Sí	No	1 2 3 4 5
4. Incorporarse a una nueva compañía o cambiar a un departamento diferente dentro de la misma compañía.	Sí	No	1 2 3 4 5
5. Traslado geográfico.	Sí	No	1 2 3 4 5
6. Transformación de una empresa fallida.	Sí	No	1 2 3 4 5
7. Reestructuración de una organización que se enfrenta a serios problemas.	Sí	No	1 2 3 4 5
8. Enfrentarse a una combinación compleja de situaciones STARS.	Sí	No	1 2 3 4 5

Suma las cifras para calcular la magnitud general de tu reto de transición.

Por último, en la conclusión, retrocedo y analizo las implicaciones de centrarse en los diferentes tipos de transición para las empresas en general. Las transiciones a nuevas funciones se dan continuamente en las empresas y, normalmente, el éxito o el fracaso de las mismas tienen una repercusión muy importante en el rendimiento global de las empresas. Si tenemos en cuenta que los estudios demuestran que un soporte adecuado a las transiciones puede reducir un 50% el tiempo que los líderes necesitan para alcanzar el nivel óptimo de rendimiento en sus nuevas funciones, los sistemas organizacionales para acelerar las transiciones en cualquier nivel son un elemento esencial de la gestión del riesgo y una fuente potencial de ventaja competitiva. Por eso explico cómo las empresas han de respaldar a sus líderes y expongo algunos principios básicos para crear sistemas que aceleren las transiciones en el ámbito global de la empresa.

En resumen, este libro trata sobre qué pueden hacer los líderes para sobrevivir y prosperar cuando se enfrentan a los tipos de transición más habituales en su carrera hacia la cima. Los capítulos que siguen se basan en mi trabajo de *Los primeros 90 días,* pero profundizan más en los problemas específicos de cada transición. Encontrarás una guía con consejos y herramientas para que sobresalgas en tu próximo cambio profesional… y en todos los demás.

CAPÍTULO 1

El reto de la promoción

Bert Vandervliet llevaba años trabajando duro para conseguir un ascenso; pero, ahora que hacía cuatro meses que había sido promocionado como director de un departamento de la empresa BSC Chemicals, su euforia empezaba a esfumarse. La realidad de lo que se necesitaba para liderar el departamento de fabricación de resinas plásticas de la empresa empezaba a hacerse evidente, y Bert se preguntaba si realmente estaba preparado para afrontar el reto de dirigir una empresa global con más de tres mil empleados en todo el mundo.

Bert llevaba trabajando los quince años de su carrera en BSC, una empresa dedicada a la fabricación de productos químicos, plásticos y farmacéuticos con sede en Bélgica. Poco después de terminar su máster entró a trabajar en el departamento de plásticos de la empresa. En su primer trabajo como director adjunto de producto ya consiguió ser reconocido por sus habilidades de liderazgo. Su buen rendimiento fue constante, y al final se le nombró responsable de la creación de un nuevo departamento de plásticos en Singapur. Enseguida desarrolló el grupo de ventas de esta nueva localidad, y fue promocionado como director de ventas. Aparte de esa responsabilidad, se le adjudicó la de dirigir la subcontratación de la fabricación de plásticos de BSC, por lo que fue adquiriendo gran experiencia en el tema de la fabricación de la empresa.

Cuando tres años después regresó a Bélgica, fue promocionado a director de ventas y marketing en Europa, liderando a un grupo de ochenta profesionales del marketing, de las ventas y del servicio al cliente. También pasó a formar parte del equipo de altos directivos, lo que le permitió tomar decisiones en el ámbito de sus funciones y familiarizarse con lo que sucedía en las otras funciones. Con el tiempo, fue trasladado como subdirector de marketing y ventas al departamento de polietilenos de la empresa, por lo que se le hacía responsable de dirigir a una plantilla de casi doscientos empleados encargada de los productos y servicios correspondientes.

Con doce años de experiencia y reconocido como uno de los líderes del futuro de la empresa, se le pidió que formara parte del departamento de recursos humanos de la empresa. Pasó a ser el responsable de la contratación de directivos y desempeñó esa función durante casi tres años. Gracias a ello, adquirió un sólido conocimiento sobre los recursos humanos y una visión más general de las operaciones, desarrolló una red global de directivos y consiguió una mayor visibilidad entre los altos directivos de BSC.

Todo el trabajo realizado por Bert culminó con su nombramiento como líder del departamento de resinas plásticas —una unidad hermana de la división de materiales plásticos de BSC—. La empresa de resinas producía las materias primas necesarias para fabricar los componentes plásticos. Era un departamento relativamente pequeño, pero uno de los que mejor rendimiento tenían. El equipo de altos directivos le había asignado esa función con un equipo fuerte sabiendo que ello le ayudaría a entender qué era dirigir un departamento próspero y que así, con el tiempo, podría aplicar sus habilidades de liderazgo en un nivel superior. Su ejecución fue perfecta, aunque él mismo se sorprendió al ver lo mucho que había tenido que trabajar para ascender por esa curva de aprendizaje.

A Bert le preocupaba que hubieran puesto en él expectativas tan altas. Al fin y al cabo, cuando estás en la cima del negocio solo puedes andar hacia abajo. El negocio de las resinas era altamente rentable —pero maduro—, y para Bert presentaba una serie de desafíos totalmente distintos de los que había experimentado en el departamento de plásticos —de alto ritmo de crecimiento—. Sabía que cualquier paso en falso sería significativo y podría poner en peligro su futuro en BSC.

Bert también se percató rápidamente de la diferencia entre liderar un grupo funcional determinado —como había hecho en el pasado— y liderar varias áreas funcionales dentro del conjunto de la empresa. Ahora, la mayoría de los empleados que Bert supervisaba sabían mucho más que él sobre cada una de las operaciones —por ejemplo, de recursos humanos—. Sin embargo, esperaban de él que hiciera las concesiones adecuadas entre la oferta y la demanda de la empresa —operaciones versus marketing y ventas—, y que decidiera entre concentrarse en los resultados actuales o invertir en el futuro —finanzas versus investigación y desarrollo—. Debido a la naturaleza multifuncional de su nuevo cargo, *Bert se sentía menos arraigado en las diferentes áreas especializadas* y, por lo tanto, confiaba menos en su capacidad para distinguir los puntos fuertes y débiles de su equipo.

Además, ahora Bert dirigía a muchos más empleados que nunca. En sus otras funciones en BSC, había conseguido establecer un nivel razonable de relación personal —a veces esporádica— con casi todos sus empleados; eso era algo prácticamente imposible en su nueva función, con más de tres mil empleados dispersos por todo el mundo. Las consecuencias de ese problema se hicieron evidentes cuando tuvo que ponerse manos a la obra con su equipo para planificar la estrategia anual. Llegado el momento de comunicarla a la organización, se dio cuenta de que no podía limitarse a salir y vender su visión y su estrategia por sí solo, sino que tenía que trabajar más con sus subordinados directos y encontrar otros canales para difundir sus palabras. A pesar de que había visitado prácticamente todos los departamentos, a Bert le seguía preocupando que nunca llegaba a tener contacto verdadero con lo que ocurría en las primeras líneas.

Durante su trayectoria en BSC, Bert había formado parte de varios equipos directivos, por lo que se había hecho una idea de lo difícil que es para los líderes de la empresa priorizar los asuntos que se les planteaban cada día, cada semana o cada mes. Sin embargo, Bert seguía sorprendiéndose del alcance y la complejidad de los problemas que le surgían en este ámbito. No tenía claro cómo distribuir su tiempo, y muy pronto se sintió desbordado. Sabía que tenía que delegar más, pero aún no tenía claro qué tareas o funciones podía transferir a los otros con toda seguridad.

Carecía de importancia el hecho de que Bert recientemente se hubiera dado cuenta de algunos patrones potencialmente peligrosos en su manera de dirigir a su nuevo equipo del departamento de resinas plásticas. Un mes antes, su vicepresidente de recursos humanos, un directivo experimentado e inteligente, de forma amable le había transmitido claramente su opinión: «Parece que estás controlando en exceso a tu subdirector de ventas y marketing. Deberías dejarle algo más de espacio a Kurt». El director de recursos humanos también le había sugerido que fuera algo más cuidadoso con la manera y el momento de plantear las ideas nuevas en las reuniones del consejo directivo. «Sé que solo estás intentando conseguir que el grupo sea más abierto y flexible, pero a ellos les preocupa tener que cambiar de puesto para apoyar cada una de tus ideas».

Por último, Bert todavía estaba adaptándose a las crecientes demandas externas que ocupaban una buena parte de su tiempo. Aunque evidentemente las había reconocido en sus reuniones anteriores con los analistas, ahora se esperaba de él que liderara las discusiones y respondiera a preguntas difíciles. También el personal de su departamento le pedía que se implicara en actividades que lo beneficiaran: ¿Podría Bert participar en los foros importantes de la industria o del gobierno que patrocinaba el grupo corporativo de asuntos gubernamentales? ¿Estaría dispuesto a realizar una entrevista con un editor de la revista *Forbes*? En los próximos meses, ¿podría hablar Bert en las diferentes conferencias de la industria, en las ceremonias de entregas de premios y en los distintos eventos que se organizaban dentro y fuera de la ciudad?

El reto de la promoción

Como indica la experiencia de Bert, un ascenso marca definitivamente el final de unos años de trabajo duro para convencer a la gente influyente de la organización de que estás preparado y capacitado para pasar al siguiente nivel. Pero también marca el principio de un nuevo viaje en el que tendrás que averiguar qué necesitas para prosperar en tu nuevo trabajo, para superar las expectativas de aquellos que te han promocionado y para posicionarte y obtener mayores logros. Ese es el reto de la promoción.

¿Qué necesitas para afrontar ese desafío? En *Los primeros 90 días* subrayo la importancia de «promocionarse a sí mismo». Tranquilo, no estoy defendiendo que te vendas a ti mismo dejándote llevar por tu ego, sino que me refiero a la necesidad de que los directivos se preparen a sí mismos mentalmente para ser promocionados y para afrontar cualquier desafío de cambio personal. Tal como explico en el libro, promocionarte a ti mismo no quiere decir creer que vas a prosperar en tu nuevo trabajo si continúas haciendo lo que hacías en el anterior y un poco más. Quiere decir abandonar el pasado y aceptar las exigencias de la nueva situación.[1]

Mientras estés trabajando para promocionarte, intenta *diferenciar qué retos son comunes a la mayoría de las promociones y qué retos son específicos del nivel o la posición a la que estás ascendiendo*. Los desafíos comunes derivan, en gran parte, de los cambios previsibles que han de hacer los líderes cuando ascienden de posición en la manera de procesar la información. Por ejemplo, como analizaré en los siguientes apartados, para abordar la creciente magnitud y complejidad de los problemas, los líderes tendrán que *replantearse el cómo, y el qué, delegar cada vez que son promocionados*.

Pero no basta con concentrase en los desafíos comunes de la promoción, porque también hay otras competencias específicas que dependen del nivel y que los líderes tendrán que desarrollar para ser exitosos. Es aquí donde los líderes recién promocionados suelen tener más problemas; su experiencia los prepara mejor para enfrentarse a los retos comunes de la promoción —por ejemplo, delegar de diferente manera— que para desarrollar esas nuevas competencias específicas del nivel.

Bert Vandervliet, por ejemplo, está intentando averiguar qué implica ser ascendido del puesto de subdirector de una función al puesto de director general. Para solventar este dilema, tendrá que identificar tanto los retos principales como las deficiencias en las competencias, y después tendrá que organizarse para superarlos de la manera más efectiva posible. Tendrá que ejercitar la autodisciplina para hacer cosas que normalmente no haría, deberá formar a un equipo que lo complemente y pensar detenidamente en el asesoramiento y los consejos que necesitará, y en cómo los utilizará.

Los retos principales de la promoción

Muchos de los problemas de las promociones a los que se enfrentan los líderes —citados a continuación— son subproductos de las diferentes exigencias con las que se encuentran los directivos en los niveles más altos de la organización con respecto al procesamiento de la información y a la influencia que ejercen.

- Tu *horizonte de impacto*, o la variedad de temas y desafíos en los que tienes una participación directa, se amplía considerablemente cuando asciendes de nivel; llevas más cosas entre manos y estás obligado a hacer más tareas diferentes a la vez.

- La *complejidad y la ambigüedad* de los asuntos a los que te tienes que enfrentar son mayores: para cualquier tema hay muchas más variables a considerar y las relaciones causa-efecto suelen ser menos claras cuanto más arriba estás.

- La *política organizacional* es más compleja cuanto más arriba estás; los compañeros y los jefes están más capacitados y tienen personalidades más fuertes.

- Hay *más distancia con los empleados de primera línea*, lo cual puede complicar la comunicación de la estrategia a los niveles inferiores y mantenerte informado de lo que está ocurriendo sobre el terreno.

- Vas a estar *más vigilado* por más gente y con más frecuencia; tendrás menos momentos de privacidad.

Como indica la figura 1.1, para cada uno de estos desafíos comunes, hay una serie de estrategias asociadas que tendrás que utilizar para promocionarte a ti mismo.

FIGURA 1.1

Los retos clave de las promociones

Para cada uno de los desafíos principales hay unas estrategias correspondientes que deberían emplear líderes recién promocionados.

¿Qué ha cambiado?	¿Qué deberías hacer?
Horizonte de impacto más amplio. Hay una variedad más amplia de temas, gente e ideas en las que concentrarse.	Equilibrar la amplitud y la profundidad.
Mayor complejidad y ambigüedad. Hay más variables y más incertidumbre sobre los resultados.	Replantearte qué vas a delegar.
Política organizacional más compleja. Hay más personas clave con las que lidiar.	Ejercer tu influencia de manera diferente.
Más distancia con los empleados de primera línea. Hay más distancia entre tú y la gente que está en primera línea, por lo que la comunicación con ellos es más difícil y pasa por más filtros.	Comunicarte de una manera más formal.
Más vigilado. La gente presta más atención a lo que haces.	Adaptarte a una mayor visibilidad.

Equilibra la amplitud y la profundidad

Cada vez que te promocionan, tu *horizonte de impacto* se amplía para poder abarcar un mayor número de asuntos y decisiones. Antes, Bert estaba concentrado en su función y en el impacto que tenía en la empresa en general, pero ahora tiene que lidiar con una extensa gama de problemas que afectan a toda la unidad.

Para hacer frente a ese aumento de los asuntos a tratar, los líderes han de conseguir y mantener una visión integradora de la empresa. En *The Nature of Leadership*, los autores B. Joseph White y Yaron Prywes lo describen como tener una «visión aérea»; es decir, una amplia perspectiva de la organización que incluye su pasado, su presente y su futuro.[2]

Pero esa metáfora del líder volando en un helicóptero para obtener una vista panorámica tiene muchas más posibilidades: los helicópteros, además de volar, pueden ascender y descender en función de las necesidades del piloto. En el contexto de los retos de las promociones y de las transiciones en general, vale la pena recordar que, conforme vas ganando altitud y perspectiva directiva, has de seguir conservando tu habilidad de profundizar en los problemas cuando la situación lo exija. No puedes permitirte el estar siempre a mil quinientos metros de altura. Tendrás que ser capaz de escoger un asunto preocupante y profundizar en él haciéndote preguntas y buscando respuestas hasta que estés seguro de haber encontrado una base sólida para las opiniones y los juicios de la gente. Para hacerlo bien, tendrás que saber cuáles son los «problemas esenciales» que tienen —o tendrán— un impacto en la empresa, y ese conocimiento depende de tu habilidad de adquirir y mantener una visión integradora. Eso también depende —y de ello hablaré más adelante— de tu capacidad de ser un buen «rastreador de problemas».

Evidentemente, eso tendrás que hacerlo de manera selectiva y tendrás que ser capaz de ascender cuando el asunto esté solucionado, porque es peligroso sobrevolar bajo durante mucho tiempo, por muy interesantes que sean las vistas. Eso es lo que ocurre cuando sigues demasiado concentrado en las actividades o las funciones en las que estabas implicado antes de ser promocionado. El problema que el subdirector de recursos humanos le comentó a Bert diciéndole que estaba «controlando en exceso» a su subdirector de ventas y marketing, indica que corría el riesgo de caer en esa trampa.

Saber cuándo hay que seguir volando y cuándo hay que descender para mirar algo más de cerca es algo que todos los líderes deberían volver a aprender cada vez que son promocionados, porque la visión que tenían a cinco mil metros de altura en su puesto anterior puede ser ahora el mundo entero a quinientos metros, o incluso a cincuenta metros, en su nuevo puesto. La clave aquí está en tener conversaciones tempranas con los consejeros sobre cómo plantearse esta cuestión. Otra cosa bastante útil para ello es identificar a uno o varios modelos a los que imitar, a gente que esté considerada como altamente efectiva en el mismo nivel al que has sido ascendido. Habla con esas personas o con gente que haya trabajado con ellas y, si puedes, obsérvalos a distancia.

Replantéate qué vas a delegar

La complejidad y la ambigüedad de los temas que estás tratando aumentarán cada vez que te promocionen; por consiguiente, tendrás que replantearte la manera de gestionar cada uno de los proyectos, procesos, productos, etc., pero en especial tendrás que replantearte qué vas a delegar.

El experto en gestión empresarial Peter Drucker dijo a principios de los años cincuenta que la habilidad de delegar es un tema fundamental del liderazgo.[3] Sea cual sea tu nuevo puesto, las claves para delegar de forma efectiva son prácticamente las mismas: crea un equipo de gente competente en quien confíes, establece unos objetivos y unos parámetros para controlar su progreso, traduce los objetivos generales en responsabilidades concretas para tus subordinados y apóyales durante el proceso. En otras palabras, el «cómo» de la delegación está siempre presente.

Si te han promocionado, vas a tener que cambiar los asuntos que delegas. Si diriges una empresa de cinco personas, tendrás que delegar algunas tareas específicas, como el esbozo de una pieza de material de marketing o las ventas a un cliente determinado. En una de cincuenta personas, tendrás que concentrarte más en los proyectos y los procesos que en las tareas. En una de quinientas personas tendrás que delegar la responsabilidad de determinados productos o plataformas. Y en una de cinco mil, tus subordinados tendrán que ser responsables de negocios enteros.

Ejerce tu influencia de manera diferente

La sabiduría popular dice que, cuanto más arriba se está, más fácil es conseguir que se hagan las cosas. No necesariamente. Paradójicamente, cuando has sido promocionado, la autoridad que te otorga el puesto es menos determinante para conseguir que las agendas avancen. Es cierto que tendrás más posibilidades de influir en las decisiones que afectan a la empresa, pero la manera de comprometerse será bastante diferente. La toma de decisiones será más política: dependerá menos de la autoridad, y más de la influencia. Esto no es ni bueno ni malo, es simplemente inevitable.

Y esto es así por dos razones fundamentales: la primera es que, cuanto más alto sea el nivel de tu puesto, los temas con los que trates serán más complejos y ambiguos y, por lo tanto, tu habilidad para identificar las respuestas «adecuadas» basándote únicamente en la información y en los análisis será también menor. En ese contexto, las decisiones se basan más en los análisis de los expertos y en las visiones del mundo dominantes. Por eso, a pesar de la autoridad de tu cargo, la opinión de quienes demuestran tener esos conocimientos y de quienes crean esas visiones del mundo en realidad tiene mayor peso a la hora de tomar decisiones.

La segunda razón es que, cuanto más alto sea el nivel en el que estás, más expertos serán los otros grupos críticos y más fuertes serán sus egos. Recuerda que fuiste promocionado porque eres capaz y decidido; lo mismo ocurre con los que están a tu alrededor: tus compañeros, tus jefes y otras personas interesadas. Por tanto, no es sorprendente que la toma de decisiones sea más difícil y con más carga política a media que vas avanzando. Es por esto fundamental que aprendas a ser más efectivo en la formación y el mantenimiento de las alianzas y que te conviertas en un experto en diplomacia corporativa.

Comunícate de una manera más formal

Lo bueno de haber sido promocionado es que tendrás una visión más global del negocio y una mejor perspectiva para modelarlo. Lo malo es que estarás más lejos de los empleados de primera línea y, por tanto, la información que recibas puede estar algo distorsionada. Un ejecutivo recién promocionado me dijo: «Ahora los chicos me ocultan información que antes me daban».

Para evitarlo y poder estar conectado con lo que ocurre en la primera línea, tendrás que establecer nuevos canales de comunicación. Por ejemplo, puedes mantener un contacto regular y directo con los clientes seleccionados, o reunirte regularmente con grupos de empleados que estén en contacto con los clientes, pero siempre sin perjudicar o minar la integridad de la cadena de mando.

También tendrás que crear nuevos canales para exponer tus objetivos y tu visión a toda la empresa; por ejemplo, organizando reuniones tipo asamblea en lugar de sesiones individuales o de grupos reducidos, o utilizando correos electrónicos o vídeos con más frecuencia para transmitir tus mensajes al mayor número de personas posible. Tus subordinados deberían jugar un papel importante a la hora de transmitir tus ideas y asegurar la divulgación de la información importante —algo que has de tener en cuenta cuando evalúas la capacidad de liderazgo de los miembros del equipo que has heredado—.

Adáptate a una mayor visibilidad

«El mundo es un escenario», dijo William Shakespeare en *Como gustéis*, «y todos, hombres y mujeres, son meros actores; tienen sus salidas y sus entradas; y un hombre puede representar muchos papeles».[4] Una realidad inevitable cuando has sido ascendido es que ahora llamas mucho más la atención y estás sujeto a un mayor grado de escrutinio que antes. Te has convertido en un actor principal, por así decirlo, en todas las representaciones públicas. Los momentos privados son cada vez más preciados y escasos, y crece la presión para que muestres una presencia como líder adecuada en todo momento. La espontaneidad se va esfumando, algo que Bert aprendió cuando su compañero de recursos humanos le advirtió que no plantease ideas interesantes solamente durante las reuniones de equipo.

Por esto es tan importante que entiendas cuanto antes lo que significa la «presencia de liderazgo» en tu nueva función: ¿Qué aspecto tiene un líder en tu jerarquía? ¿Cómo actúa? ¿Qué tipo de estilo de liderazgo quieres tener en tu nuevo cargo? ¿Cómo lo harás? Estas son consideraciones importantes que vale la pena que estudies a fondo. «Recordad», dijo un alto directivo a un grupo de directores recién promocionados, «que sois las personas sobre las que vuestros subordinados van a hablar durante la cena cada día».

Las competencias específicas de cada nivel

Además de los retos comunes típicos de una promoción, hay otros obstáculos que son específicos de cada nivel que tendrás que superar y unas competencias asociadas que deberás desarrollar. En este ámbito, también tendrás más probabilidades de hacer una transición exitosa si aprendes a dominar las nuevas competencias que exige tu nuevo puesto de trabajo y abandonas algunos de tus comportamientos anteriores que te ayudaron a prosperar pero que quizás ahora ya no te resulten tan útiles.

¿Cómo cambian las competencias cuando has sido promocionado? En *The Leadership Pipeline*, los autores Ram Charan,

Stephen Drotter y James Noel desarrollan esta cuestión. Basándose en el modelo Critical Career Crossroads desarrollado por Walter Mahler en los setenta e implementado en General Electric, desarrollaron un modelo de competencias centrado en siete niveles: dirigirse a sí mismo, dirigir a otros, dirigir a directivos, el director de una función, el director de un departamento, el director de un grupo y el director de la empresa. La figura 1.2 presenta una versión modificada y resumida de la de Charan, Drotter y Noel.[5] Para cada nivel hay una serie de habilidades que se tendrán que adquirir y mantener. También he añadido algunas trampas específicas de cada nivel y que se tendrán que evitar.

FIGURA 1.2

Competencias y trampas específicas de cada nivel

		Competencias centrales	Trampas comunes
	Supervisor de primera línea	Conoce las competencias fundamentales de la gestión del rendimiento: determinar objetivos, supervisar, *feedback, coaching*.	Confía demasiado en la experiencia técnica.
Más habilidades		Selecciona y desarrolla a los participantes individuales.	Continúa funcionando como un «compañero súper», más que como un jefe.
	Director de supervisores	Descifra cómo determinar los objetivos efectivamente.	Confía demasiado en la experiencia técnica.
		Delega la responsabilidad de la dirección.	Es incapaz de delegar efectivamente.
		Selecciona y desarrolla a los directores, en lugar de a los miembros del equipo individualmente.	
Más cambios de mentalidad	**Líder de función (normalmente director)**	Lidera la función como parte de la empresa global.	Se concentra demasiado en la función y poco en la empresa.
		Participa en la formulación y en la implementación de la estrategia.	Se concentra demasiado en la táctica y poco en la estrategia.
		Selecciona y desarrolla a los directivos.	

(continúa)

FIGURA 1.2 (*continuación*)

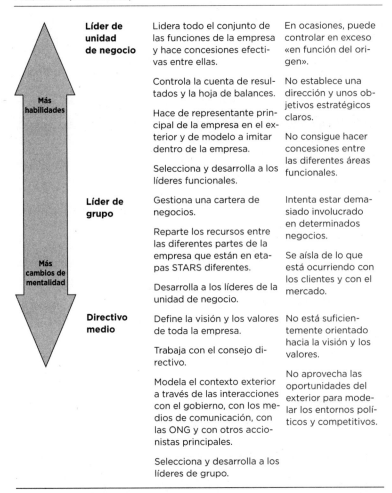

Más habilidades	**Líder de unidad de negocio**	Lidera todo el conjunto de las funciones de la empresa y hace concesiones efectivas entre ellas.	En ocasiones, puede controlar en exceso «en función del origen».
		Controla la cuenta de resultados y la hoja de balances.	No establece una dirección y unos objetivos estratégicos claros.
		Hace de representante principal de la empresa en el exterior y de modelo a imitar dentro de la empresa.	No consigue hacer concesiones entre las diferentes áreas funcionales.
		Selecciona y desarrolla a los líderes funcionales.	
Más cambios de mentalidad	**Líder de grupo**	Gestiona una cartera de negocios.	Intenta estar demasiado involucrado en determinados negocios.
		Reparte los recursos entre las diferentes partes de la empresa que están en etapas STARS diferentes.	Se aísla de lo que está ocurriendo con los clientes y con el mercado.
		Desarrolla a los líderes de la unidad de negocio.	
	Directivo medio	Define la visión y los valores de toda la empresa.	No está suficientemente orientado hacia la visión y los valores.
		Trabaja con el consejo directivo.	No aprovecha las oportunidades del exterior para modelar los entornos políticos y competitivos.
		Modela el contexto exterior a través de las interacciones con el gobierno, con los medios de comunicación, con las ONG y con otros accionistas principales.	
		Selecciona y desarrolla a los líderes de grupo.	

En los cambios de competencias también existe una dimensión oculta a la que se enfrentan los nuevos líderes cuando ascienden por la jerarquía organizacional. Charan y sus compañeros no investigaron tal dimensión, se trata del cambio de la ciencia directiva al arte del liderazgo. Considera que las competencias que deben tener los directores de niveles inferiores se reducen normalmente a reglas y procedimientos; por ejemplo, los fundamentos de la gestión efectiva se conocen y se enseñan en las aulas desde hace décadas. Sin embargo, los requisitos para ascender por la jerarquía organizacional son menos concretos e incluyen algunas competencias, como la de reconocer los modelos efectivos, la de hacer juicios claros y rápidos; u otras habilidades «blandas», como la inteligencia emocional y política. Cuando las examinamos desde esta perspectiva, las promociones a niveles superiores no son tanto la adquisición de determinadas habilidades, sino la capacidad de hacer los cambios de mentalidad adecuados como, por ejemplo, pensar más estratégicamente sobre los problemas empresariales y saber cómo reformar los entornos competitivos y políticos en los que opera la organización.

He entrevistado a líderes que participan en los programas de gestión general de las principales escuelas de negocios y les he preguntado cuáles han sido las transiciones más difíciles que han vivido. Sus dos respuestas principales han sido «ser director por primera vez» y «ser líder de una unidad de negocio por primera vez».[6] En la sección siguiente, veremos los cambios de mentalidad necesarios para dar ese salto directivo y cómo los modelos de competencia pueden ayudar a configurar el desarrollo del liderazgo en las organizaciones.

Pasar a ser líder de una unidad de negocio

A partir de más de setenta y cinco entrevistas a líderes de unidades de negocio recién ascendidos, a ejecutivos de unidad experimentados encargados de desarrollar el talento de la próxima generación y a directores de recursos humanos, he desarrollado un modelo de competencia que consiste en siete cambios drásticos que los líderes de función deberían hacer para llegar a ser líderes de unidades de negocio efectivos.[7] Estos cambios son:

1. De especialista a generalista. Las funciones de una empresa son subculturas directivas con sus normas propias y sus lenguajes específicos. Por lo tanto, los directivos que hacen una transición a líder de una unidad de negocio tendrán que esforzarse para conseguir lo que denomino «fluidez interdisciplinaria». Es evidente que una persona que ha trabajado siempre en marketing nunca podrá hablar como un experto sobre las operaciones o la investigación y el desarrollo, pero sí que podrá hablar con más fluidez si se familiariza con la terminología, las herramientas y las ideas esenciales que se utilizan en aquellas áreas cuyo trabajo tiene que integrar con el resto de la unidad. Un nuevo director de unidad tendrá que saber lo suficiente para poder evaluar y reclutar a las personas convenientes para liderar las áreas funcionales en las que él no es un experto. Aunque Bert Vandervliet tenía una amplia experiencia en ventas y marketing y sabía también algo de fabricación, aún le quedaba mucho por aprender sobre investigación y desarrollo para llegar ser realmente efectivo.

2. De analista a integrador. La principal responsabilidad de los líderes de funciones es la de desarrollar y dirigir a su gente para que adquieran una profundidad analítica en unos dominios relativamente reducidos. En cambio, los líderes de las unidades de negocio dirigen a equipos pluridisciplinares con el objetivo de integrar el conocimiento colectivo y utilizarlo para resolver importantes problemas organizacionales. Así pues, es importante que los nuevos líderes de las unidades de negocio desarrollen un enfoque integrador para tomar las decisiones y resolver los problemas; y, más importante aún, que aprendan a hacer las concesiones apropiadas. Los líderes de las unidades de negocio también han

de gestionar en los «espacios en blanco»; es decir, aceptar la responsabilidad de los asuntos que no corresponden claramente a ninguna de las funciones pero que son importantes para la empresa. Bert Vandervliet tuvo que aprender a hacer las concesiones necesarias entre las distintas funciones.

3. De táctico a estratégico. Más aún que los directores de funciones, los líderes de las unidades de negocio determinan y comunican a sus organizaciones la dirección estratégica. Por lo tanto, tendrán que ser capaces de definir y comunicar claramente la misión y los objetivos (qué), las competencias básicas (quién), la estrategia (cómo) y la visión (por qué) de sus unidades. Además, han de ser capaces de cambiar el rumbo con facilidad, de pasar sin problemas de la orientación táctica (los árboles) a la orientación estratégica (el bosque). Básicamente, tendrán que aprender a *pensar estratégicamente*, con lo que me refiero a perfeccionar sus capacidades para (1) percibir los modelos importantes en entornos complejos y bulliciosos, (2) materializar y comunicar esos modelos a los demás de una forma simple pero firme y (3) utilizar esos conocimientos para anticipar y modelar las reacciones de los otros «jugadores» importantes, incluidos los clientes y los competidores.

4. De albañil a arquitecto. Los directivos, a medida que van ascendiendo por la jerarquía organizacional, son cada vez más responsables de establecer las bases para un rendimiento superior, de crear un contexto organizacional en el que se consigan avances empresariales. Para ser efectivos en este sentido, los líderes de las unidades de negocio tienen que saber dónde y cómo interactúan la estrategia, la estructura, los sistemas, los procesos y las habilidades básicas. También tendrán que especializarse en los principios del

diseño organizacional, en la mejora de los procesos empresariales, y en el desarrollo y la gestión de las habilidades. Son pocos los líderes de alto potencial que reciben formación específica sobre la teoría y la práctica del desarrollo organizacional, por lo que la mayoría de ellos disponen de pocas herramientas para ser los arquitectos de las organizaciones o para ser consumidores instruidos del trabajo de los consultores del desarrollo organizacional. En el capítulo 6, «El reto de la transformación», tendrás más detalles sobre este tema.

5. De guerrero a diplomático. Los líderes efectivos de las unidades de negocio reconocen los beneficios de configurar activamente el contexto exterior y de gestionar las relaciones importantes con las partes interesadas de fuera de la empresa —incluidos los gobiernos, las ONG, los medios de comunicación y los inversores—. Identifican las oportunidades de colaboración entre las diferentes empresas y se acercan a sus competidores para ayudarles a elaborar las reglas del juego. En cambio, los directores de funciones tienden a centrarse más en desarrollar y utilizar las capacidades internas para competir más efectivamente. En el capítulo 3, «El reto de la diplomacia corporativa», encontrarás más información sobre este tema.

6. De solucionador de problemas a elaborador de programas. Muchos líderes son promocionados por su capacidad para resolver problemas, pero cuando lleguen a la categoría de líder de una unidad de negocio se tendrán que concentrar menos en solventar problemas y *más en reconocer y prevenir lo que denomino «sorpresas previsibles».*[8] Ser un *rastreador de problemas* quiere decir identificar y priorizar las amenazas emergentes y comunicarlas de tal manera

que la organización pueda responder ante ellas. El resto de la tarea consiste en emprender las acciones preventivas y conducir el cambio organizacional. En definitiva, tendrán que crear una organización que aprende a responder efectivamente ante los cambios que se producen en su entorno y que genera sorpresas para sus competidores. En el capítulo 7, «El reto de la reestructuración», encontrarás más información sobre este tema.

7. De actor secundario a actor principal. La gente que trabaja en la empresa se fija en el líder de la unidad de negocio para saber cuáles son los comportamientos y las actitudes «adecuados» y cuál es su visión. En el nivel de líder de función se considera aceptable que sea simplemente un líder eficiente y efectivo: el «titular del puesto», si prefieres. Pero los líderes de las unidades de negocio están siempre «en el escenario» y están sujetos a unas normas más estrictas, parecidas a las de los modelos ejemplares. Para bien o para mal, el liderazgo de las organizaciones es contagioso. Quiero decir con esto que el comportamiento de los líderes suele transmitirse a sus subordinados; los cuales lo transmitirán al siguiente nivel, y así sucesivamente. Con el tiempo, los comportamientos de los líderes van impregnando a toda la organización desde arriba hasta abajo, e influyen en todas y cada una de las actividades que se realizan. Al final, esos comportamientos acaban incorporándose a la cultura organizacional e influyendo en el tipo de personas a las que se promociona y se contrata, se va creando una espiral de *feedback* que se refuerza a sí misma, tanto positiva como negativamente.

Bert Vandervliet, al igual que la mayoría de los nuevos líderes de unidades de negocio, tuvo que hacer todos esos cambios drásticos simultáneamente. Tuvo que aprender más sobre funciones que no le resultaban familiares, concentrarse en la resolución de problemas integradora, pensar más estratégicamente, tomar algunas decisiones clave sobre el diseño organizacional, aplicar la diplomacia efectiva, prevenir las sorpresas previsibles y ser el modelo a imitar más importante para su unidad. Esto es lo primero que tendrás que hacer para liderar un proyecto tan desafiante. Por suerte, Bert contaba también con algunos recursos importantes —tanto suyos como de la organización— que le ayudaron a dar el salto.

El reto de la adaptación personal

Cada vez que te han ascendido te enfrentas a un nuevo conjunto de desafíos comunes y a los cambios de las competencias específicas de ese nivel requeridas para el éxito. Tales desafíos componen el reto de la adaptación personal al nuevo puesto de trabajo. Como ya hemos comentado en la introducción, hay una serie de cosas que tendrás que hacer para acelerar tu adaptación personal a cualquier puesto de liderazgo: evaluar tus puntos fuertes y débiles según la situación en la que estés, comprometerte a hacer cosas que no haces de forma natural, formar un equipo complementario y aprovechar los buenos consejos.

Si observamos el caso de Bert Vandervliet, vemos que necesita aprender más de las operaciones y de la investigación y desarrollo, un proceso con el que quizás no se sienta a gusto pero que tiene que emprender de todas formas. También debe tomarse en serio el consejo de su compañero de recursos humanos y enfrentarse a la posibilidad de que su control excesivo sobre el subdirector de ventas y marketing sea un síntoma de sus propias inseguridades, más que un reflejo real de las capacidades de su subordinado directo.

Después, está el tema de quién puede ayudar a Bert a delegar el trabajo que se tiene que hacer. Teniendo en cuenta que se ha de orientar más hacia exterior y que tiene una gran experiencia en marketing y en ventas, podría tener sentido para él forjar una relación de colaboración con alguien capacitado para desempeñar el cargo de director de operaciones de la empresa, siendo los candidatos más probables los subdirectores de operaciones y de finanzas.

Por último, Bert tiene que reconocer que la red de asesores que le funcionó bien cuando era subdirector de función probablemente no sea suficiente para respaldar las necesidades que tiene ahora como líder de una unidad de negocio. Tendrá que rodearse de unos consejeros más sabios, que le ayuden a entender mejor aquellas funciones que ahora no conoce, a entender qué representa liderar una empresa en su conjunto; unos consejeros que le asesoren sobre cómo gestionar los problemas políticos externos e internos a los que se enfrenta, y que le ayuden a prepararse para llegar al siguiente nivel. En vista de los desafíos a los que se enfrenta, vale la pena que dedique tiempo a pensar y a reajustar su red de asesores y consejeros.

Acelerar el desarrollo

Además de adoptar una estructura y unas herramientas comunes para acelerar cualquier transición de promoción (tema que trataré con más detalle en la Conclusión, «Diseñar sistemas de transición-aceleración»), ¿qué puede hacer tu compañía para ayudarte cuando te promocionan? Primero de todo, debería crear y utilizar unos *buenos modelos de competencia* —definiciones de las habilidades requeridas a los líderes en cada uno de los niveles— que estén sintonizados con la cartera de líderes de la compañía. Si están bien definidos, esos modelos te serán muy útiles para saber qué necesitas tener para subir de nivel.

Para que sean verdaderamente útiles, esos modelos deberían ser reales, simples y ejecutables. El realismo es importante: a los directores se les dice que conseguirán un ascenso si desarrollan las habilidades que manifiesta el modelo. Pero, si formas parte del sistema, inviertes tiempo y desarrollas esas competencias y, a pesar de todo, no consigues ser promocionado —y hay varias razones que podrían ser tu caso; por ejemplo, porque el ascenso en la compañía depende del apoyo de las redes políticas—, el modelo no hará más que generar escepticismo. Por esto es importante que las compañías presten mucha atención a cómo adoptan y desarrollan los modelos de competencia.

La simplicidad es esencial para garantizar que los modelos de competencia se implementen. Si hay mil habilidades, requisitos o características enumerados —o si son demasiado complejos o ambiguos—, los líderes potenciales no sabrán en qué se han de concentrar. También será difícil para los profesionales que desarrollan el talento en la empresa averiguar cómo utilizar y respaldar ese modelo. Por lo tanto, el modelo de competencias debería constar de una serie razonablemente compacta de habilidades, características, etc. Si tienes diez modelos para un determinado nivel, vas a tener problemas.

Por último, está el tema de la implementación. Un modelo de competencia es poco útil si no puedes evaluar los niveles básicos de rendimiento y traducir tus conclusiones en programas o proyectos que ayuden a las personas a mejorar. Por lo tanto, antes de implementar cualquier tipo de modelo de competencia, deberías asegurarte de que esté respaldado por unas herramientas de evaluación sólidas.

Has de tener cuidado cuando compares los resultados con los de otras empresas o industrias, porque esos puntos de referencia no controlan las diferencias que hay entre las estrategias, las culturas y los incentivos de las compañías. Una vez vi que eso es lo que hacía una firma de consultoría importante que evaluaba el talento en los niveles más altos de la primera compañía de la industria mundial de transportes. La puntuación del pensamiento estratégico de los altos directivos resultó ser inferior a la que se utilizaba como punto de referencia en varias industrias, lo cual despertó inmediatamente la indignación y debilitó la credibilidad del modelo de competencia y del proceso de evaluación. Lo que ocurrió es que en ese proceso no se había tenido en cuenta la cultura de la compañía; la cual, debido a la naturaleza del negocio, daba mucha importancia a la eficiencia ejecutiva y operativa.

Las empresas también pueden ayudar a hacer transiciones de promoción exitosas creando unas trayectorias de desarrollo profesional que estén formadas por los tipos de experiencias adecuadas. Esas trayectorias, si se diseñan bien, contribuyen a desarrollar la habilidad de las compañías para construir bancos de talento de liderazgo. La que BSC diseñó para Bert Vandervliet es un buen ejemplo. Bert fue guiado por una serie de puestos, cada uno de ellos con un propósito bien diseñado, los cuales le dieron valiosas lecciones en cuatro dimensiones importantes del desarrollo profesional:

1. Desarrollo en su función principal y exposición a otras funciones.

2. Conocimiento de los diferentes negocios de la compañía.

3. Asignaciones en el país de origen y en el extranjero.

4. Asignaciones en diferentes unidades de negocio y en la empresa.

Observa que, dada la naturaleza de BSC —una empresa diversificada, global y descentralizada—, esta combinación de asignaciones tiene sentido. Obviamente, la combinación de asignaciones en otra empresa sería bastante diferente, pues dependerá de sus propias características.

BSC utilizó varios métodos para diseñar sus vías de desarrollo, siendo el primero la implementación de unos *peldaños*: el diseño detallado de una secuencia de asignaciones, cada una de las cuales representa un tramo importante de una o dos de las dimensiones de desarrollo esenciales, pero que no es tan importante como para que el líder se resbale y se caiga. En una progresión bien planificada, Bert pasó de una asignación de director de producto a una asignación internacional en el desarrollo del negocio —a la que evidentemente se le sumó la exposición a la fabricación—, a un puesto más alto en las ventas y el marketing, a una división diferente y, por último, a una función en los recursos humanos de la empresa.

El segundo método fue la utilización de *zonas de juego*: poner a los futuros directores generales al mando de diferentes unidades —o proyectos importantes— que pudieran manejar fácilmente y en las que tuvieran la oportunidad de aprender cómo es la excelencia. El negocio de las resinas plásticas al que se incorporó Bert era relativamente pequeño, estaba en una situación de éxito sostenido y contaba con un equipo potente. Piensa en lo difícil que habría sido para Bert el que le hubieran traspasado inmediatamente una unidad más grande, con múltiples líneas de negocio, o el que se hubiera tenido que enfrentar a una situación de transformación o reestructuración.

Una asignación adicional habría ayudado a Bert a estar mejor preparado aún para asumir el puesto de líder de una unidad de negocio: dirigir una parte del negocio con una cuenta de resultados distinta y con la responsabilidad de varias funciones esenciales. Hacer eso reportando al mismo tiempo a un líder experimentado en la unidad de negocio a quien podría haberle pedido consejo le habría familiarizado más con ese desafío interfuncional. Y, así, esa responsabilidad habría sido tanto un punto de apoyo como una zona de juego.

Al final, Bert encontró su camino en su primera función de líder de una unidad de negocio. Tres años después ascendió como líder de la unidad de productos nutritivos de BSC, que estaba experimentando un rápido crecimiento. En ese puesto adquirió experiencia en el sector farmacéutico —otro de los sectores fundamentales de la compañía—, y eso le ayudó a sentar las bases para su promoción futura hacia el nivel de líder de grupo.

Lista de verificación: la promoción

Listas como ésta aparecerán al final de cada capítulo para ayudarte a materializar las lecciones fundamentales y a aplicarlas a tu situación. Utilízalas para guiar tu análisis y para desarrollar tu plan de transición.

1. ¿Qué quiere decir «promocionarte a ti mismo» hacia tu nueva función? ¿Qué te queda por hacer, aunque no te guste o no te sientas totalmente competente? ¿Qué tienes que hacer menos o, incluso, dejar de hacer?

2. ¿En qué retos comunes de la promoción —buscar el equilibrio entre la intensidad y la amplitud, replantearte en qué has de delegar, influenciar de manera diferente, comunicarte a través de medios más formales, adaptarte al incremento de tu visibilidad— deberías concentrarte más?

3. ¿Qué competencias específicas de este nivel has de desarrollar para ser exitoso en el nuevo nivel?

4. ¿Qué puede hacer tu organización para ayudarte a acelerar tu desarrollo?

5. ¿Qué deberías hacer para superar el reto de tu adaptación personal? ¿Has de mejorar el conocimiento de ti mismo y, si es así, cómo lo harás? ¿Has de imponerte la disciplina de hacer cosas con las que no te sientes a gusto? ¿Has de identificar o contratar a personal de respaldo en tu equipo? ¿Has de modificar tu red de asesores o utilizarla de una manera diferente?

CAPÍTULO 2

El reto de liderar a antiguos compañeros

El ascenso de Julia Martínez a directora de marketing en Alpha Collaboration pilló por sorpresa a la mayoría de sus antiguos compañeros, muchos de los cuales pasaban a ser sus subordinados. El jefe y mentor de Julia, Thomas Collins, era bueno en muchas cosas, pero no precisamente en informar sobre temas que atañen al personal. Al cabo de una semana de haber sido promocionado como vicepresidente de ventas y marketing de un equipo mediano que colaboraba con una empresa de software, nombró a Julia —una de los cinco directores de marketing que le reportaban a él— para que fuera su sucesora.

Julia heredó una organización que había hecho unos avances increíbles en los últimos años; esa fue la principal razón por la que fue promocionada. Su marketing efectivo había hecho que Alpha se colocara en un puesto líder en dar apoyo a pequeñas empresas. Al mismo tiempo, la empresa estaba enfrentándose a la competencia cada vez mayor de varias *start-ups*. Esas empresas competidoras que acababan de aparecer ofrecían unas tarifas económicas muy por debajo de las de Alpha para aumentar su participación en el mercado. Entonces, Alpha se vio obligada a reducir tarifas, por lo que empezó a tener problemas con sus márgenes operativos. La retención de los clientes también empezó a ser un problema por culpa de la intensificación de la competencia, aunque las nuevas adquisiciones empezaban a mostrar síntomas de desaceleración.

Desde ya hacía tiempo, Julia estaba convencida de que era necesario que Alpha cambiara su estrategia de marketing. En lugar de comprometerse con el enfoque de «difusión» que Collins había adoptado, Julia pensaba que Alpha necesitaba definir mejor sus objetivos: identificar los segmentos de mercado más atractivos y crear unas campañas específicas para llegar a los clientes de esos grupos. También creía que la organización debía utilizar sus recursos para retener a sus clientes y desarrollar su marca, más que para adquirir a clientes nuevos. Por último, le preocupaba el hecho de que había demasiados proyectos en marcha para desarrollar posibles ofertas de nuevos servicios y que estos no estaban suficientemente fundamentados en una investigación de mercado sólida.

Collins estaba preocupado por su propia transición —el vicepresidente anterior de marketing se había ido inesperadamente a otra empresa—, y Julia no había tenido tiempo para comentar con él los objetivos y las expectativas. Pero estaba segura de que podría convencerle de sus iniciativas. Después de todo, Collins la había contratado a ella. Durante los últimos tres años, Julia había sido directora de comunicaciones de marketing y había creado un equipo altamente competente que desarrollaba el material relacionado con los productos. Pero, anteriormente, Julia había desempeñado funciones más bien técnicas. Tenía un máster en estadísticas aplicadas y había trabajado cinco años de analista de estudios de mercado en una empresa líder de productos de consumo. Por eso conocía bien el poder de la segmentación, y estaba segura de que sabría implementarlo.

Sin embargo, Julia tenía algunas dudas sobre su nuevo equipo. Primero estaba Andy, el líder de la estrategia de marketing, una persona con mucho talento pero algo egocéntrico. Siempre se había visto como el candidato lógico a esa promoción. Julia sabía que su ascenso había sido un mazazo para Andy, y se preguntaba si iba a ser capaz de superar esa frustración y de trabajar efectivamente bajo su dirección. Si pudiera incorporarlo a su equipo, Andy sería un importante activo y un aliado en la persecución de sus nuevas ideas; pero lo último que Julia necesitaba era un excompañero resentido que pudiera estropear lo que ella intentaba hacer.

El problema de Amanda era diferente. Como directora de apoyo al marketing, Amanda había hecho un trabajo muy consistente en términos de supervisar los proyectos y guiar su ejecución, pero no era una líder demasiado influyente, ni tampoco era el tipo de persona que Julia necesitaba en ese cargo para implementar su nueva estrategia. Amanda casi siempre pedía ayuda y consejos a Julia, por lo que se habían convertido en —si no amigas— algo más que compañeras de trabajo. Ahora Julia iba a tener que evaluar el rendimiento de Amanda.

Además, Julia había planeado dirigir a su equipo de diferente manera a cómo lo hacía Collins. Collins era muy práctico, y ese estilo le iba muy bien. Julia, en cambio, prefería otorgar más autoridad a los miembros de su equipo y fomentar el compromiso común y la responsabilidad colectiva lo máximo posible. Teniendo en cuenta todo eso y cuando su agenda se lo permitió, Julia programó pasar un día con su equipo para evaluar la situación y comentar su estrategia.

Por último, a Julia le inquietaba pasar de su antiguo grupo de compañeros a otro totalmente nuevo. Muchas de las personas con las que iba a tener que relacionarse ahora día a día eran mayores y más experimentadas que ella. Algunas tenían mucha influencia en la organización, y una había sido candidata al puesto de vicepresidente que Collins quería dejar. Ahora, Julia no era más que la chica recién llegada y se preguntaba cuál era la mejor manera de conectar con su nuevo grupo durante su transición.

Esas preocupaciones se materializaron al día siguiente de que anunciaran su ascenso. Como siempre hacía, fue a la cafetería para almorzar. Cuando entró en el comedor vio a sus nuevos compañeros comiendo juntos en una mesa y a varios de sus antiguos compañeros sentados en otra. De repente, la bandeja que llevaba pesaba demasiado en sus brazos.

El reto de liderar a antiguos compañeros

Si aún no has tenido que liderar a los que siempre habían sido tus compañeros, es muy probable que algún día tengas hacerlo. Eso suele ocurrir cada vez que asciendes por la jerarquía organizacional. Muchos aprenden a llevar esa difícil transición a través del ensayo y error. Cometen errores previsibles, como por ejemplo no establecer suficiente autoridad con sus nuevos equipos o no entender cómo han de cambiar la relación con su jefe. Aprenden esas lecciones y, después, las aplican en sus siguientes transiciones, pero no es la manera más útil ni eficiente de afrontar una transición.

Una escena de *Enrique IV* (acto V, escena 5) de Shakespeare capta de forma extraordinaria las tensiones a las que se enfrentan los líderes cuando son promocionados. Enrique es el príncipe heredero de Inglaterra, destinado a heredar el trono, pero pasa gran parte de su juventud divirtiéndose con personajes de mala reputación —más en concreto, con el borracho Falstaff y sus amigotes—. Su padre muere y a Enrique lo coronan. Durante la escena de la coronación, Enrique rechaza públicamente a Falstaff: «Ya no te conozco, reza tus oraciones, buen viejo»; y ve de primera mano cómo eso hiere los sentimientos de su buen amigo. Ese es el cambio principal que hizo Enrique, que pasó de ser un joven libertino a uno de los grandes gobernantes de Inglaterra: su rol cambió drásticamente y, por consiguiente, cambiaron muchas de las relaciones que había tenido durante mucho tiempo.

Un cambio similar es el que les ocurre a los directivos cuando ascienden a puestos de un nivel superior en sus organizaciones: cuando son promocionados para liderar a gente con la que antes habían trabajado conjuntamente, la naturaleza de las interacciones con esas personas cambia de una forma sustancial. Y, en muchos casos, los nuevos líderes tendrán que averiguar por sí solos cómo superar esos retos psicosociales, como le ocurrió a Julia Martínez.

El capítulo 1 de este libro destacan los retos básicos a los que se enfrentan los líderes cuando son promocionados: ¿Cómo tendrán que delegar y comunicarse ahora? ¿Qué harán para buscar el equilibrio entre el alcance y la profundidad de su nueva función? ¿Cómo desarrollarán las nuevas competencias y proyectarán el tipo de presencia que es apropiada para su nueva función?

Los líderes que son promocionados para liderar a antiguos compañeros suyos se enfrentan a estos retos, y seguramente pensemos que es fácil hacer frente a esos retos si estamos familiarizados con el entorno. Al fin y al cabo, sabes cómo funcionan las cosas —la cultura y los principales jugadores, la empresa y sus objetivos—, y es probable que ya hayas apostado algo del «capital relacional».

Sin embargo, ser promocionado para liderar a tus antiguos compañeros es una de las transiciones más difíciles que puedes hacer, precisamente por la compleja red de relaciones organizacionales que has ido creando con el tiempo y que ahora tienes que redefinir: con tu jefe, con tus antiguos compañeros y con los nuevos. Crees conocer a todo el mundo y que todo el mundo te conoce. *Pero esas relaciones se fueron formando, en parte, por las reglas con las que anteriormente jugabas. Ahora, los protocolos, las percepciones y las interacciones van a ser totalmente diferentes.*

Reinventar las relaciones

Lo que Julia Martínez tenía que hacer —y todos los líderes que ascienden de categoría y que tienen que liderar a sus antiguos compañeros— es implicarse en lo que denomino «reinventar las relaciones». Las multinacionales intentan mejorar sus posibilidades de éxito fundamentalmente rediseñando los procesos para satisfacer sus necesidades, que van cambiando con el tiempo. También los ejecutivos en transición pueden incrementar sus posibilidades de hacer un cambio positivo redefiniendo sus relaciones teniendo en cuenta el cambio de rol. Para ello tendrán que prestar mucha atención a las relaciones establecidas con la gente importante, ver cómo han de cambiar esas relaciones y desarrollar un plan para emprender los cambios necesarios. En especial, deberían intentar seguir los siguientes principios básicos:

- Aceptar que las relaciones han de cambiar.

- Prestar atención desde el principio a los ritos de la transición.

- Alistar a los (buenos) antiguos compañeros.

- Marcar con destreza su autoridad.

- Concentrarse en lo que es bueno para la empresa.

- Tratar con cuidado el tema de la creación de equipos.

Acepta que las relaciones han de cambiar

Los compañeros con los que trabajas durante un largo periodo de tiempo y con los que compartes los mismos desafíos pueden acabar convirtiéndose en amigos o algo similar. El costoso precio que tendrás que pagar por una promoción es que se debilitarán las relaciones personales con tus antiguos compañeros. Las relaciones personales íntimas y la buena supervisión raras veces son compatibles, y eso sucede por varias razones. La primera es que no puedes permitir que tus opiniones sobre asuntos importantes de la empresa se vean empañadas por tus sentimientos personales hacia las personas implicadas. Y la segunda es que no puedes permitir que los miembros de tu equipo piensen que haces favoritismo.

Durante los primeros meses en su nuevo puesto, Julia podría sentarse con Amanda para comentarle algún fallo importante en su rendimiento, pero deseando amortiguar el golpe. Si sucumbe a la tentación de ser amable con ella, pondrá en peligro no solo el rendimiento de la compañía, sino también su propio liderazgo. Si hace lo que es correcto para la empresa, alterará irreversiblemente su relación con Amanda, y lo verá en sus ojos. Esa sería la respuesta adecuada, pero no es fácil. Desde el principio, Julia debería procurar enviar un mensaje consistente a toda la compañía: «Seré justa en mi evaluación». Después, por supuesto, tendrá que ser consecuente con sus palabras y aplicar la teoría a la práctica.

Presta atención desde el principio a los ritos de la transición

Los primeros días de una promoción interna son más simbólicos que sustanciales. Es cierto que hay determinados ritos de la transición que te ayudarán a establecerte como nuevo líder y que, por lo tanto, simplificarán la reestructuración de las relaciones que has de hacer. En un mundo ideal, el jefe de Julia, Thomas Collins, habría preparado el terreno para su promoción; en concreto, reuniéndose en privado con Andy para comentarle los motivos que tiene para promocionar a Julia, y después reuniendo a todo el equipo para presentar a su sucesora. Eso habría sentado las bases para que la transición de Julia tuviera un inicio perfecto.

También le habría ayudado que la compañía contara con un proceso concreto para comunicar las promociones internas. En concreto, que enviara mensajes formales e informales a los empleados hablando del proceso de selección y los resultados. En este caso es importante tanto el contenido de los mensajes como el momento en el que se envían. En una empresa con la que trabajé, todos los anuncios formales de promociones se hacen vía e-mail al final de la mañana. De esa manera, la gente tiene tiempo para asimilar los efectos de la promoción y para hablar de ello durante la comida. También daba tiempo a los recién promocionados de reunirse con los principales implicados el mismo día, de participar en reuniones breves con las personas que estuvieran disponibles del nuevo equipo y de empezar a hacer reuniones cara a cara.

Sin embargo, en el caso de Julia no fue así, y ella tuvo que escribir su propia «escena de la coronación», por decirlo de alguna manera. Tuvo que convocar a su equipo para una breve reunión —básicamente, para dar a conocer públicamente su promoción—. También elaboró un texto breve con algunos mensajes fundamentales: que tenía muchas ganas de trabajar con su nuevo equipo para que la empresa avanzara, que valoraba la colaboración de todos los miembros del equipo y que esperaba tener una reunión con cada uno de ellos en privado.

Alista a los (buenos) antiguos compañeros

Detrás de cada «feliz» promoción hay una o más almas ambiciosas que querían ese puesto pero no lo consiguieron. Siempre que sea posible, las compañías deberían preparar a la gente que no va a ser promocionada. Para ello deberían basarse en las revisiones del rendimiento y en los sistemas de sucesión, que hacen un trabajo riguroso de evaluar el rendimiento y que, sobre todo, crean unas expectativas reales sobre las posibilidades de ascender. Si el proceso de promoción está bien gestionado, la elección final para el puesto casi siempre decepcionará a alguien, pero nunca debería ser una sorpresa. De todas formas, en la mayoría de los casos, los líderes recién promocionados —como en el caso de Julia— tendrán que enfrentarse a antiguos compañeros que se sientan desmoralizados, enojados o, incluso, tratados injustamente. Algunos conseguirán olvidar su decepción y apoyarán tus iniciativas; a estos tendrás que alistar en tu grupo.

Evidentemente, deberás asumir que los competidores decepcionados pasarán por varias fases de duelo similares a las que define la psiquiatra Elisabeth Kübler-Ross —negación, ira, negociación, depresión y aceptación— y que tardarán un tiempo en superar esos sentimientos.[1] Si tus antiguos compañeros son buenos en su trabajo y quieres retenerlos, tendrás que respetar sus sentimientos y hacer todo lo posible para ayudarles en el proceso de adaptación. Lo primero que tendrás que hacer es comunicarles y reafirmarles que valoras su contribución al éxito de la organización. Si no quieres dar la impresión de ser condescendiente, es mejor que lo hagas en privado, a no ser que encuentres el momento idóneo para hacerlo en público.

También deberías plantearte si es conveniente que hables con tus antiguos compañeros que están decepcionados sobre sus sentimientos, y cuándo deberías hacerlo. ¿Deberías hablar con ellos enseguida o esperar un poco hasta que hayan tenido tiempo de procesar el cambio? ¿Deberías hablar sobre sus preocupaciones de una forma directa o indirecta? ¿Deberías ser empático, o realista, en tus comunicaciones? Las respuestas dependen de cada persona y de la relación que tengas con ella. Si la persona está decepcionada pero no resentida, si se siente cómoda hablando de esas cosas, y si tienes una buena relación con ella, entonces es mejor que trates el tema directamente. Si, como en el caso de Julia y Andy, la persona siente desconfianza o no está a gusto hablando abiertamente de esas cosas, lo mejor es que dejes la pelota en su tejado, mostrándole al mismo tiempo que es un miembro muy valioso del equipo.

Cuando hables con de este tema con tus compañeros, recuerda que para ellos el tema de sus carreras —y el miedo asociado de estar acabados— suele ser uno de los temas principales en su lista de prioridades. Es fácil que interpreten tu promoción como una crítica implícita de sus capacidades y su potencial. Así que, si puedes ayudarles a aliviar esas preocupaciones, hazlo. Por ejemplo, si Julia pudiera sentarse para hablar adecuadamente con Andy y convencerle de que se compromete a ayudarle a progresar, tendría muchas posibilidades de alistarlo y de desarrollar una relación nueva más crítica y directa con él.

Pero ten en cuenta que, a veces, los antiguos compañeros no pueden superar los desaires personales. Por muy competentes que sean, no podrán trabajar para ti, y por eso es muy importante que vigiles si la gente está verdaderamente de tu lado, o no. Si después de un periodo de tiempo razonable ves que no te apoyan, tendrás que ayudarles a buscar otras oportunidades.

Marca con destreza tu autoridad

Para ejercer tu autoridad sobre antiguos compañeros, tendrás que aprender a cabalgar entre ser demasiado autoritario y ser poco autoritario. Seguramente, tendrás la tentación de actuar como si fueras un «colega maravilloso» exagerando tu deseo de continuar formando, animando y defendiendo a tus antiguos compañeros a pesar de tu nuevo cargo. Y a la inversa, ten cuidado con desarrollar el complejo de Napoleón en tu nueva función, publicando edictos a discreción sin darte cuenta.

Es fundamental que encuentres el punto intermedio desde el principio. Por ejemplo, Julia podría pensar en paralizar —por lo menos durante un breve espacio de tiempo— sus planes de crear algo más que una cultura de responsabilidad. En esos primeros meses, adoptaría un enfoque de «consultar y decidir» para tratar los asuntos importantes; en parte, para establecer su propia autoridad y, en parte, porque es a lo que está acostumbrada la gente de Alpha. Escuchando atentamente —la parte de consultar de la ecuación— demostraría a su nuevo equipo que valora sus aportaciones bien meditadas. Considerando detenidamente sus ideas y llegando rápidamente a una decisión —la parte de decidir de la ecuación— manifiesta que es capaz de tomar decisiones inteligentes y que es responsable de los resultados. Una vez establecido ese nuevo ritmo con el equipo, podría implicarse en la creación de más consenso si fuera apropiado.

Concéntrate en lo que es bueno para la empresa

Desde el momento en que se anuncie tu asignación, algunos antiguos compañeros —ahora subordinados tuyos— estarán tratando de discernir si vas a tener favoritismos o si vas a intentar promover tu agenda política a su costa. Para evitar esa dinámica potencialmente destructiva, intenta orientarte siempre hacia aquello que es correcto para la empresa. Todas las decisiones que tomes deberían estar enmarcadas dentro de esos términos, siempre y cuando estés verdaderamente comprometido con esa ética y preparado para asumir las consecuencias. Cuanto antes vean tus subordinados que vas a ser «duro con los problemas y blando con la gente», mejor.

Una forma de inmunizarte cuando la gente piense que estás haciendo política liderando a tus antiguos compañeros consiste en adoptar lo que los profesores W. Chan Kim y Renée Mauborgne, del INSEAD, denominan «un proceso justo» para tomar las decisiones importantes.[2] Ese proceso implica establecer y mantener unos procesos laborales que sean considerados justos; por ejemplo, combinar la toma de decisiones basada en consultar y decidir con «anteponer los intereses de la empresa» para evaluar formas de proceder alternativas.

Julia, al cabo de pocos meses de estar en su nuevo puesto, fue capaz de aplicar estos principios para racionalizar los proyectos que estaban en curso en Alpha y para desarrollar nuevas ofertas de servicio. Aunque había muchas otras partes de la organización que estaban implicadas en el desarrollo de nuevos productos, la estrategia de marketing estaba bajo su responsabilidad. Julia sabía que cualquier esfuerzo encaminado a cambiar la estrategia supondría un riesgo político, no solo por Andy, sino también porque tocaba muchos intereses e intenciones de la compañía. Así pues, en lugar de atacar el problema de frente, Julia decidió crear un equipo para que evaluara los proyectos, y puso a Andy al frente —él respondió bien a esa oportunidad de visibilidad—. Julia aprovechó las relaciones que había creado fuera de la organización para formar el equipo con gente experta en ventas, operaciones y finanzas.

Fundamentalmente, especificó con todo detalle el proceso de varias etapas que el equipo utilizaría para realizar la evaluación. La primera etapa consistía en una revisión detallada de los estudios de mercado existentes, la cual daría lugar a la puesta en marcha de un nuevo estudio para precisar qué buscaban exactamente los clientes. En la siguiente etapa, el equipo tenía que identificar los criterios cualitativos y cuantitativos para evaluar los costes y beneficios de cada proyecto. Fue entonces cuando dejó que el equipo evaluara la cartera de proyectos existentes. Para entonces, ya nadie se planteaba la necesidad de una racionalización importante, y fue relativamente sencillo conseguir que todos estuvieran de acuerdo sobre qué proyectos continuar y cuáles abandonar.

Trata con cuidado el tema de la creación de equipos

Los líderes recién promocionados casi siempre tienen la tentación de hacer reuniones fuera de la empresa. Tienen agendas que quieren seguir y equipos a los que quieren movilizar. «Déjame reunirlos a todos en un lugar tranquilo donde me presten toda su atención y podamos mover montañas», dice la lógica.

Es indudable que una reunión fuera de la empresa es un medio bastante efectivo para movilizar los esfuerzos para el cambio. Si se hacen bien, esas reuniones atraen la atención de la gente, rompen barreras, fomentan el compromiso y hacen que los equipos se llenen de energía y de ganas de emprender grandes proyectos. Pero, si no se planifican bien, las consecuencias pueden ser nefastas. En el peor de los casos, los conflictos se exacerbarán, las coaliciones opositoras se reforzarán y la autoridad del nuevo líder se debilitará desde el primer momento (ver el cuadro «Lista para planificar una reunión fuera de la empresa»).

Antes de programar una reunión fuera de la empresa, párate a pensar y responde a estas dos preguntas: ¿Qué quiero conseguir? ¿Es una reunión fuera de la empresa la mejor manera de conseguir mis objetivos? Hay una serie de razones por las que responderás «no» a la segunda pregunta, y una de ellas es el riesgo que corres de que las coaliciones opositoras se refuercen. Si hay alguien que se resiste a los cambios que quieres implementar, con una reunión fuera de la empresa lo único que conseguirás es que el grupo de disidentes se movilice en contra de los cambios que la organización está haciendo. Es mejor empezar poco a poco e intentar conseguir el apoyo de cada una de las personas interesadas y en pequeños grupos, antes de planificar una reunión fuera de la empresa.

Julia Martínez está considerando la posibilidad de organizar una reunión fuera de la empresa, aparentemente para lanzar sus ideas sobre cómo cambiar la dirección estratégica del marketing —hacia una mayor segmentación del cliente— y la cultura —hacia una responsabilidad compartida—, pero tal decisión sería un error enorme, porque todavía no ha sentado las bases con su jefe para crear una nueva estrategia ni tiene suficiente autoridad en su nuevo puesto para introducir la democracia.

Si Julia decidiera seguir adelante con su reunión, el objetivo principal debería ser diagnosticar y crear relaciones, más que planificar la estrategia. Ella y los miembros de su equipo no pueden examinar ni analizar con rigor los cambios que quiere implementar en el entorno empresarial, como tampoco pueden llegar a una visión común de la situación. En el mejor de los casos, la información y las ideas que surgieran de esa reunión darían a Julia argumentos suficientes para convencer a su jefe de que el cambio de estrategia es pertinente. Por otro lado, la colaboración y las discusiones que se den en la reunión le ayudarán a rediseñar las relaciones con sus antiguos compañeros y a mostrarse ante ellos como una nueva líder cuyo control es firme pero sensato. Una vez que haya sentado las bases, podrá volver a prestar atención a la estrategia y el proceso, quizás organizando otra reunión más adelante.

Es evidente que cada uno de estos principios presenta por sí mismo una serie de retos únicos pero, si consigues superarlos, podrás liderar a tus antiguos compañeros de una forma exitosa. Por supuesto, también tienes que reconocer que has de acostumbrarte a tu nueva función, y eso te llevará tiempo.

Lista de verificación para planificar las reuniones fuera de la oficina

Determina los objetivos

Antes de planificar una reunión fuera de la oficina con tu nuevo equipo, tendrás que clarificar las razones de la misma. En otras palabras, ¿qué quieres conseguir con esa reunión? Hay seis razones importantes por las que planificar este tipo de reuniones:

- Llegar a un entendimiento común de la situación de la empresa (atención al diagnóstico).
- Crear una estrategia y definir la visión (atención a la estrategia).
- Cambiar la forma de trabajar en equipo (atención al proceso de equipo).
- Desarrollar o modificar las relaciones dentro del grupo (atención a las relaciones).
- Desarrollar un plan y comprometerse a seguirlo (atención a la planificación).
- Tratar los conflictos importantes (atención a la resolución de conflictos).

Ocúpate de los detalles

Si decides que una reunión fuera de la oficina es útil para el equipo, empieza a pensar en la logística de la reunión respondiendo a las siguientes preguntas:

- ¿Cuándo y dónde debería tener lugar la reunión?
- ¿Qué temas se tratarán y cuáles no se tratarán?
- ¿Quién hará de moderador?

Sobre todo, no te olvides de la última pregunta. Si tienes experiencia como moderador y el equipo te respeta y no hay conflictos entre vosotros, tiene sentido que hagas de líder y moderador de la reunión. Si no es así, tendrás que buscar a un moderador externo, de esta manera transmitirás seriedad al grupo y elevarás tu estatus.

Evita las trampas

- No intentes hacer demasiadas cosas en una primera reunión. En realidad, en un día o dos no podrás conseguir más de dos de los objetivos especificados anteriormente. Concéntrate en ellos y procura no desviarte.
- No empieces la casa por el tejado. No intentes crear la estrategia y definir la visión sin antes haber sentado las bases: un entendimiento común del entorno empresarial —atención al diagnóstico— y de las relaciones laborales —atención a las relaciones—.

Las empresas también pueden hacer mucho para acelerar la adaptación al equipo de los líderes que han pasado a liderar a antiguos compañeros. Una herramienta muy útil es el proceso de asimilación del nuevo líder.[3] Consiste en que haya un moderador, que puede ser alguien de recursos humanos o un consultor externo, que se reúna individualmente con el nuevo líder y con sus subordinados y que después organice una reunión conjunta. El tema central de las discusiones serán las expectativas, además de cómo pretende el líder recién promocionado dirigir al grupo. En el cuadro «El proceso de asimilación del nuevo líder» está resumido este proceso. Es un proceso que, si se hace bien, acelerará enormemente el desarrollo de las relaciones laborales y eliminará las dudas que ralentizan el desarrollo del equipo. También es un importante rito de iniciación que reconoce explícitamente que ha tenido lugar un cambio importante.

El proceso de asimilación del nuevo líder

El proceso de asimilación del nuevo líder consta de los siguientes pasos:

1. **Descripción del proceso.** En una sesión de grupo que incluye al nuevo líder y a su equipo, el moderador explica el propósito de la sesión de asimilación del nuevo líder y ofrece una descripción del mismo.

2. **Recogida y análisis de la información.** El moderador entrevista al nuevo líder y a cada uno de los miembros del equipo por separado para ver cuáles son los problemas y las oportunidades que se tratarán durante la sesión. Las preguntas típicas son:

   – ¿Qué quieres saber del nuevo líder?

   – ¿Qué quieres que el nuevo líder sepa de ti?

   El moderador resume la información cuidando preservar el anonimato en la medida de lo posible.

3. **Reunión previa a la sesión.** El moderador, el nuevo líder y un representante de recursos humanos se reúnen antes de la sesión para revisar la información y planificar la sesión de asimilación.

4. **Sesión de asimilación.** El moderador dirige la sesión —que suele ser de medio día o de un día entero— concentrándose en los asuntos y las oportunidades principales que se han tratado durante las entrevistas. El objetivo es acelerar el desarrollo de las relaciones y la alineación de las expectativas.

Trabajar con tus nuevos compañeros y con tu nuevo jefe

Tus relaciones con tus antiguos compañeros no son las únicas que tendrás que rediseñar. Igual que Julia Martínez, tú ahora también formas parte de una red mucho más extensa, que incluye a tus nuevos compañeros y a tu nuevo jefe. En la figura 2.1 podrás ver la red de contactos de Julia.

Trabajar con tus nuevos compañeros

Como persona recién promocionada dentro de la empresa, vas a tener que contactar con tu nuevo grupo de compañeros y relacionarte con ellos cuanto antes. Obviamente, tendrás que entablar esas relaciones con cuidado y tacto: piensa que entre los nuevos compañeros de Julia —que son los antiguos compañeros de Collins, y ahora sus subordinados— es probable que haya

FIGURA 2.1

La nueva red de Julia

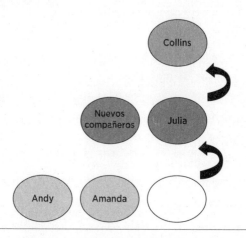

candidatos decepcionados por el puesto de vicepresidente de marketing que Collins consiguió. Recuerda también que, a lo mejor, ven a Julia como la «hija predilecta» porque él fue quien la contrató y la promocionó.

Es por esto que algunos de los nuevos compañeros de Julia, llevados por su frustración, intentarán arruinar sus esfuerzos para liderar el cambio de la organización del marketing o pondrán en duda la selección de Collins.

Teniendo presente ese problema, es importante que los líderes que hacen una transición encuentren el equilibrio entre la seguridad en sí mismos y la arrogancia a la hora de desarrollar las relaciones con sus nuevos compañeros. Deberías organizar una serie de reuniones individuales con tus nuevos compañeros y planificar con tu jefe cómo presentarte en la primera reunión de personal.

En las reuniones individuales deberías hacer muchas preguntas para descubrir la red de alianzas explícitas e implícitas que hay en tu nuevo grupo de compañeros: ¿Cómo vas a ayudarles a alcanzar sus objetivos principales y cómo te ayudarán ellos a ti? En las reuniones de personal, el enfoque adecuado al principio es escuchar y responder reflexivamente. Cuando conozcas mejor las alianzas y la cultura — sobre todo, cuando hayas desarrollado algunas relaciones esenciales— podrás empezar a participar más activamente. Por ejemplo, en el caso de Julia, ella es más joven y tiene menos experiencia que sus compañeros y, por consiguiente, tiene que ganarse credibilidad en su nueva función. Sería un error por su parte que intentara demostrar a toda costa su valía desde el principio, como también lo sería «sentarse a la mesa» sin haberse puesto un poco al día.

Hablando de sentarse a la mesa, pensemos en el dilema que Julia tuvo en el comedor el primer día: ¿Debería sentarse con sus antiguos compañeros, con los nuevos o debería darse media vuelta y volver a su despacho? Retirarse del escenario habría sido la peor solución —aunque se suele hacer— porque perdería una oportunidad de poner en marcha su transición. La respuesta «adecuada» depende en parte de la cultura de la organización. De todas formas, habría sido sensato que ella se detuviera en la mesa donde estaban sentados sus nuevos compañeros, los saludara y les dijera que se reunirá con ellos individualmente y que está deseosa de trabajar con ellos más estrechamente. Puesto que el encuentro en el comedor era una situación informal, no habría tenido sentido que Julia se sentara con ellos porque, además, estaría enviando una señal equivocada a sus antiguos compañeros. Lo mejor habría sido que se sentara con sus antiguos compañeros.

Trabajar con tu jefe

La trampa es suponer que como tú y tu jefe seguís siendo las mismas personas, la relación seguirá siendo la misma. Igual que tu relación con tus antiguos compañeros cambia cuando has sido promocionado internamente, también lo hace la relación con tu jefe. Cambiar de función implica cambiar las expectativas y buscar la mejor manera de relacionarse con los demás. En resumen, cuando hagas una transición a un puesto nuevo tendrás que abandonar las suposiciones anteriores y adaptar la relación que tienes con tu jefe para que satisfaga las necesidades de ambos en vuestros nuevos puestos.

Por ejemplo, Julia está haciendo algunas suposiciones peligrosas sobre la receptividad de Collins a su plan de cambiar la estrategia de marketing de Alpha. Tiene que reunirse con él cuanto antes para revisar la situación y sus expectativas. Si de verdad cree que es necesario cambiar la estrategia, tendrá que recopilar información y preparar sus argumentos de defensa, para presentar sus ideas sin transmitir una crítica a lo que se ha hecho anteriormente.

Julia también tiene que sintonizar con las realidades de la transición de Collins, porque él también ha sido promocionado para liderar a sus antiguos compañeros. Su manera de integrarse con sus antiguos compañeros se verá incuestionablemente reflejada en él, para bien o para mal. Julia está en una posición en la que puede ayudar a Collins a que consiga algunas victorias tempranas en su nueva función, por lo que debería pensar en cómo ayudarle en este sentido. Por último, habrá inevitablemente desacuerdos acerca de cómo ha de «ser» el director de marketing —el nuevo título de Julia y el anterior de Collins—. Collins tiene derecho a creer que sabe más que ella sobre ese puesto. Sin embargo, el problema sería que quisiera seguir desempeñando el nuevo trabajo de Julia. Si la transición se hace bien, es muy probable que Collins esté demasiado ocupado para ello, aunque la tentación seguirá existiendo. Pero, si tiene problemas para adaptarse a su nuevo puesto, es probable que intente retirarse a su zona de confort.

En resumen, el reto de liderar a antiguos compañeros está siempre lleno de dificultades. Julia tuvo algunos conflictos iniciales, pero ahora ya está preparada para asumir plenamente su nueva función. La relación con Andy nunca llegó a ser totalmente productiva. Andy, después de ocho meses, abandonó la empresa para incorporarse a una *start-up* como director de marketing.

Lista de verificación: liderar a antiguos compañeros

1. ¿Cómo es la red de relaciones que tienes que fortalecer en tu nuevo puesto de trabajo? ¿Quiénes son las personas nuevas con influencia con las que tienes que crear una relación? ¿Cómo cambiarán las relaciones con tus antiguos compañeros, con los nuevos y con tu jefe?

2. ¿Cuáles son los ritos de iniciación esenciales que indican que has sido promocionado y cómo deberías prepararte

para ellos? ¿Qué cosas adicionales deberíais hacer tú o tu jefe para demostrar que se está produciendo un cambio importante?

3. ¿Qué deberías hacer para acelerar el proceso de adaptación a tus antiguos compañeros que ahora vas a liderar? ¿Cómo deberías abordar el tema de la incorporación de gente talentosa en tu organización?

4. ¿Cómo deberías abordar el tema de establecer tu autoridad? ¿Cómo conseguirás el equilibrio perfecto entre estar al mando y potenciar a tu equipo?

5. ¿Qué trabajo formal para desarrollar a tu equipo harás, si es que haces alguno? ¿Cuál es el momento adecuado para realizar las primeras reuniones con tu equipo?

6. ¿Cómo abordarás el desarrollo de las relaciones con tus nuevos compañeros? ¿En qué momento pasarás de tener una actitud de observador a ser un miembro activo de tu equipo?

7. Si tienes al mismo jefe, ¿cómo cambiará tu relación con él teniendo en cuenta las nuevas funciones que ambos desempeñáis? ¿Cómo enfocarás el tema de hacer aflorar los cambios necesarios y comentarlos?

CAPÍTULO 3

El reto de la diplomacia corporativa

Irina Petrenko, tras haber pasado cuatro meses en su nuevo trabajo en Van Lear Foods, estaba frustrada por las maniobras burocráticas que se hacían en las oficinas centrales de la empresa. «¿Dónde está el apoyo?», se preguntaba. Como buena profesional de ventas y marketing, Irina había ido ascendiendo por los rangos de Van Lear, una multinacional de alimentación, hasta llegar a ser directora general de la firma en su Ucrania natal. Era una ejecutiva seria que prestaba mucha atención a los resultados y que había conseguido un crecimiento enorme en su terreno.

Gracias a sus éxitos, Irina fue ascendida a directora general, y le asignaron la transformación de las operaciones en los Balcanes, que tenían graves problemas. En ese complejo entorno multinacional, prosperó aportando talento nuevo, ajustando la combinación de productos, cambiando el envasado para que satisficiera mejor las preferencias de los clientes y los presupuestos, agilizando las operaciones y llevando a cabo una adquisición que ya estaba prevista. Dos años y medio después, el negocio en los Balcanes estaba a punto de conseguir un crecimiento de doble dígito.

Los altos directivos de Van Lear reconocieron su potencial y decidieron que necesitaba adquirir experiencia regional para completar su currículum de éxitos. La nombraron así directora regional de marketing. En su nueva función, Irina era responsable de la estrategia de marketing, del desarrollo de la marca y de nuevos productos en Europa, Oriente Medio y África (EMEA). Las oficinas centrales para esa región estaban ahora cerca de Ginebra. Irina estaba bajo las órdenes directas de Marjorie Aaron, directora de marketing corporativo, que trabajaba en las oficinas centrales de la compañía en Estados Unidos. Irina también tenía una relación indirecta con su antiguo jefe, Harald Emberger, subdirector internacional de las operaciones para los países EMEA, y a quien todos los directores nacionales de la región le reportaban.

Irina empezó en su nuevo puesto con su entusiasmo habitual. Realizó una revisión exhaustiva de los temas que estaban sobre la mesa en ese momento y tuvo una serie de conversaciones individuales con los directores de la zona EMEA y con su antiguo jefe. También viajó a Estados Unidos para reunirse con su nueva jefa y con otras personas de los departamentos de marketing y de investigación de desarrollo de Van Lear.

Basándose en esas conversaciones y en su propia experiencia, Irina concluyó que los problemas más acuciantes y las oportunidades en la zona EMEA tenían que ver con gestionar mejor la tensión entre centralizar y descentralizar determinados procesos y decisiones de marketing para el lanzamiento de nuevos productos. En concreto, ¿hasta qué punto debía insistir la empresa en una fórmula y un envasado fijo para toda la región?, y ¿hasta qué punto debía permitir algo de flexibilidad para que cada región hiciera variaciones? Por ejemplo, ¿qué posibilidades debía tener un director general de Oriente Medio para modificar una marca de biscotes líder de Van Lear para que se adaptara mejor a los gustos locales?

Irina elaboró un caso empresarial en el que destacaban los resultados de su evaluación inicial junto con sus recomendaciones para mejorar. Entre sus sugerencias estaba la de incrementar la uniformidad en algunas áreas —por ejemplo, las decisiones referentes a la identidad de marca y al posicionamiento de la marca en general— y concedía a los directivos más flexibilidad en otras —como la posibilidad de hacer pequeños ajustes—. Después organizó unas reuniones individuales con Marjorie y Harald, quienes la escucharon atentamente y reconocieron las ventajas de su planteamiento. Ambos le pidieron que informara a los principales interesados: los directores corporativos de Van Lear Foods en Estados Unidos y los directores de los países EMEA.

Las respuestas positivas de sus jefes alentaron a Irina. Sin embargo, pasados seis meses y habiendo asistido a varias reuniones desconcertantes, empezó a tener la sensación de estar atrapada en arenas movedizas. Siguiendo el consejo de Marjorie, había organizado una reunión con David Wallance, el director corporativo de investigación y desarrollo, con su equipo y con otros miembros importantes del equipo de marketing corporativo de Van Lear. Viajó entonces a Estados Unidos para presentar su plan a un grupo de más de treinta personas, todas ellas de las áreas de investigación y desarrollo y de marketing. Prácticamente todos presentaron sus sugerencias, la mayoría de las cuales iban encaminadas a una mayor centralización. Durante la reunión, Irina se dio cuenta enseguida —tras observar el lenguaje corporal y escuchar algunos comentarios mordaces— de que había una tensión importante entre ambas áreas. «Me he metido en un terreno peligroso», pensó. Irina salió de la reunión reconociendo el trabajo de su antecesor, con quien había tenido frecuentes enfrentamientos cuando ella era directora regional. Realmente, su antecesor había estado luchando mucho más de lo que ella pensaba.

Se quedó sorprendida también cuando, a través de una videoconferencia con los directores de los países de Europa, Oriente Medio y África, el asunto tampoco fue mucho mejor. Evidentemente, todos mostraban pleno acuerdo ante cualquier propuesta que les diera más flexibilidad pero, cuando se mencionaba el tema de poner más límites a su autonomía, los miembros del equipo rápidamente cerraban filas. Un director respetado, Rolf Eiklid, dijo que le preocupaba que, si aceptaban algunas formas de centralización, la flexibilidad que se les estaba ofreciendo no compensaría suficientemente a todo lo que tendrían que renunciar. Puesto que los directores regionales eran responsables de los resultados de sus regiones y tenían cierta libertad para asignar los recursos locales, Irina sabía demasiado bien que no podría obligarles a conformarse.

Irina, que era una persona firme, se quedó desconcertada por el giro de los acontecimientos. Estaba acostumbrada a trabajar con más autoridad y más celeridad para actuar. Las maniobras políticas con las que se encontraba en las oficinas centrales eran desesperantes, como también lo era la falta de apoyo por parte de sus antiguos compañeros. Irina no estaba segura de si tendría paciencia y delicadeza para navegar entre la política de su nueva función regional.

El reto de la diplomacia corporativa

El dilema de Irina Petrenko es bastante común entre los líderes que son trasferidos a unos puestos en los que las cosas se hacen más por influencia —tu habilidad de desarrollar coaliciones de apoyo— que por autoridad —tu lugar en la jerarquía—. El reto fundamental es el mismo tanto si se trata de dirigir una «matriz» organizacional —como en el caso de Irina—, de negociar con terceras partes influyentes —como son las agencias gubernamentales— o de liderar una función crítica como la de recursos humanos o la de tecnología de la información, pero teniendo a las otras funciones controlando los presupuestos. Si quieres conseguir tus objetivos, tendrás que aprender a practicar la *diplomacia corporativa*; aprovechar las alianzas, las redes o cualquier otra relación empresarial para conseguir que se hagan las cosas.

Si no dominas esta habilidad, tendrás problemas. Es fácil que los líderes que están acostumbrados a ejercer autoridad —y a tomar decisiones teniendo en cuenta el lugar que ocupan en la jerarquía— se decepcionen e intenten obligar a la gente a hacer lo que ellos quieren. Esos líderes, en lugar de superar la resistencia, acaban provocando la *creación de una coalición reactiva*; es decir, acaban haciendo que los oponentes potenciales creen alianzas y cierren filas, tal como hicieron los antiguos compañeros de Irina. Puede ocurrir que el líder se quede atrapado en un ciclo debilitador en el que su confianza excesiva en la autoridad genere más oposición; lo cual a su vez generará más inflexibilidad del líder, y así sucesivamente. Si esta tendencia no se controla, como consecuencia podrían producirse una serie de conflictos cada vez más polarizados entre el nuevo líder y los actores importantes de la organización. El nuevo líder es bastante vulnerable en ese tipo de batallas, porque todavía no sabe cómo funciona la organización y todavía no ha creado alianzas propias, por eso es improbable que gane esas batallas.

Cómo ser un diplomático efectivo

¿Qué quiere decir *ser un diplomático efectivo*? Los grandes diplomáticos actúan sabiendo que pueden construir alianzas de apoyo para conseguir hacer cualquier cosa difícil en la organización.

Saben que es probable que haya gente que se oponga a un cambio, pero se anticipan y desarrollan unas estrategias para vencer a esa oposición. No esperan ganarse a todo el mundo, sino que se concentran en crear a un grupo importante de gente que los apoye. Y lo más importante es que dedican mucha energía a averiguar *cómo* hacer las cosas y *qué* debería hacerse. Para ello, lo primero que han de hacer es reconocer la importancia de sentar las bases para crear alianzas y definir sus objetivos de influencia.

Sentar las bases para las alianzas

Los líderes en transición empiezan poniendo mucho empeño en cultivar las relaciones en sus nuevas organizaciones creyendo que esas conexiones darán sus frutos cuando llegue la hora de actuar —lo cual es cierto—. Es una decisión muy sabia que los nuevos líderes formen nuevas relaciones para sus futuras necesidades. A fin de cuentas, no te gustaría tener que reunirte con tus vecinos por primera vez en mitad de la noche cuando tu casa se está incendiando. Pero esa filosofía del trabajo no hace suficiente hincapié en un punto clave de la política organizacional: hay una diferencia importante entre crear relaciones y crear alianzas.

En breves palabras, una *alianza* es un pacto explícito o implícito entre dos o más partes para lograr un fin común específico. En cambio, una *relación* abarca un tipo más extenso de interacciones sociales, incluyendo las amistades personales, en el cual puede, o no, haber un pacto para lograr unos objetivos específicos.

Si las relaciones no implican necesariamente alianzas, lo inverso también es cierto: los diplomáticos corporativos efectivos suelen crear alianzas con gente con quien no tienen relaciones continuadas importantes. Algunas alianzas se crean a partir de unos intereses a largo plazo compartidos que constituyen la base para las interacciones de apoyo continuadas; otras son pactos a corto plazo para lograr un fin específico, y luego se desmantelan. De hecho tendrás que colaborar con personas con la que no sueles estar de acuerdo; excepto, quizás, cuando se trate de conseguir un objetivo concreto que solo afecta a una pequeña porción del negocio.

Los líderes que, como Irina, están en la transición hacia puestos en los que la influencia es más importante que la autoridad tendrán que centrarse tanto en *conocer los planes de los demás e identificar las alineaciones potenciales* como en diagnosticar las situaciones empresariales y buscar soluciones. Irina, que estaba acostumbrada a dirigir operaciones sobre las que tenía mucho control; naturalmente, se había concentrado en la parte «técnica» del aprendizaje. Había intentado conocer la empresa, identificar los problemas principales y proponer soluciones. Su experiencia,

FIGURA 3.1

Planes, alianzas y relaciones

En este diagrama de las alianzas destaca la base para crear alianzas fuertes: entender las diferencias entre las alianzas empresariales y las relaciones empresariales. Un factor esencial es la presencia —o la ausencia— de unos planes compartidos a largo o a corto plazo.

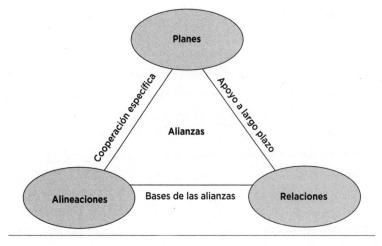

y quizás también su temperamento, no la habían preparado para concentrarse en el aprendizaje político. Un punto de partida esencial para una diplomacia corporativa efectiva consiste en ver si los planes de los demás concuerdan con los tuyos, o no. En la figura 3.1 podrás ver un resumen gráfico de esas alianzas.

Define tus objetivos de influencia

Si analizamos el reto de Irina desde la perspectiva de la diplomacia corporativa, vemos que es muy parecido al que se enfrentan los diplomáticos encargados de negociar un tratado importante, por ejemplo entre Estados Unidos y la Unión Europea: la situación actual refleja un compromiso de larga duración entre ambas partes. Puede que sea un pacto imperfecto, pero será más o menos estable hasta que alguien o algo intenten crear un equilibrio nuevo y diferente.

Por eso, además de saber cómo y por qué crear alianzas y relaciones —y de entender la diferencia entre ambas—, es también esencial que los nuevos líderes tengan claro cuáles son sus objetivos de influencia: ¿qué pretenden conseguir?

El objetivo de Irina era negociar un *gran trato* entre sus nuevos —directos— jefes y sus antiguos —indirectos— jefes, y sus respectivas organizaciones, sobre qué decisiones importantes se tomarían respecto a la formulación y al envasado de los productos. Los departamentos de marketing y de investigación y desarrollo naturalmente estaban a favor de una mayor centralización, mientras que los directores generales de la zona EMEA querían más adaptación a las condiciones locales. El acuerdo, si finalmente se llegaba a uno, tendría que ser un paquete de intercambios que ambas partes pudieran apoyar.

Para garantizar un acuerdo así, Irina tenía que organizar y fomentar un conjunto complejo de negociaciones sincronizadas entre ambos grupos. Era muy poco probable conseguir la unanimidad total, porque algunas personas habían invertido mucho para alcanzar su *statu quo*. Tendría que concentrarse entonces en ganarse el apoyo de una masa crítica para llegar a un acuerdo por ambas partes.

Si Irina hubiera sabido esto desde el principio, seguramente habría concentrado sus esfuerzos iniciales de manera diferente: no solo al diagnosticar los problemas y proponer soluciones racionales, sino también al encajar su programa en un panorama político más general en ambos lados del Atlántico. No habría dado por sentado que la fuerza de su posición le iba a asegurar la victoria, ni se habría sentido obligada a convencer a todos y cada uno de los implicados clave. Habría identificado las alianzas específicas que tenía que desarrollar, y después habría averiguado cómo ejercer la influencia necesaria en la organización. Ese proceso de planificar la influencia también le habría ayudado a identificar a las posibles fuerzas opositoras: ¿Qué o quién podría interponerse en el camino hacia la obtención de apoyo para su plan? ¿Qué podría hacer para que esos opositores acabaran diciendo que sí?

Conoce el ámbito de influencia

Cuando sepas cómo funcionan *verdaderamente* las alianzas y las relaciones, y qué tipo de cambios te gustaría implementar en la organización, podrás dar el siguiente paso: identificar a las personas más influyentes y determinar qué necesitas que hagan y cuándo necesitas que lo hagan. La figura 3.2 presenta una simple herramienta para obtener esa información. Además, también resulta útil resumir visualmente los resultados de ese análisis en un mapa de influencias, como el que muestra la figura 3.3 del caso de Irina.

FIGURA 3.2

Identifica a los participantes más influyentes

Empieza a determinar tu ámbito de influencia identificando a los participantes más influyentes y definiendo qué necesitas que hagan y cuándo necesitas que lo hagan.

Quien	Qué	Cuándo

FIGURA 3.3

Mapa de influencias de Irina

El diagrama resume las relaciones entre los actores clave en la situación de Irina. Ella hace de mediadora entre la corporación y las organizaciones del territorio EMEA.

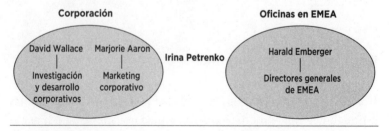

Alianzas ganadoras y alianzas bloqueadoras

Una pregunta fundamental que tendrás que formularte es qué actores de cada parte de la situación son esenciales para construir una *alianza ganadora*; es decir, un conjunto de miembros que colectivamente tienen el poder de cambiar la situación.[1] Por ejemplo, Irina Petrenko necesitaba que Marjorie Aaron, David Wallace —desde el lado corporativo— y Harald Emberger —desde el lado de los países de Europa, Oriente Medio y África— apoyaran sus propuestas. Pero era muy probable que esas personas estuvieran influenciadas, en gran medida, por las opiniones de otros miembros de sus respectivas organizaciones. Irina, para conseguir su objetivo, tendría que crear alianzas ganadoras con los grupos corporativos de investigación y desarrollo y de marketing y con la organización EMEA.

También has de prestar mucha atención a las posibles *alianzas bloqueadoras*: aquellos que pretenden mantener la situación como esté y tienen influencia para hacerlo. Después de todo, cualquier cambio significativo creará ganadores *y* perdedores. ¿Qué personas influyentes se aliarán para intentar bloquear tu agenda?, y ¿por qué? ¿Hay alguna persona especialmente influyente en cada parte que se va a oponer? ¿Cómo intentarán impedir el proceso? Si sabes de dónde puede venir la oposición, podrás impedir sus estrategias o, incluso, prevenir que se formen.

Determina las redes de influencia

Para entender mejor las posibles alianzas ganadoras y bloqueadoras intenta fijarte en las redes de influencia —tanto en las formales como en las informales— que hay en la organización; especialmente, en quién hace caso a quién en determinados asuntos, prestando mayor atención a los asuntos que a ti te conciernen. Esas *redes de influencia* juegan un papel fundamental a la hora de determinar si un cambio ocurrirá o no. Existen porque la autoridad formal no es en absoluto la única fuente de poder en las organizaciones, y porque la gente tiende a confiar en las opiniones de los demás cuando se trata de temas y decisiones importantes. Marjorie Aaron, por ejemplo, confiaba en la opinión de la gente sobre las consecuencias de los cambios del envasado en la identidad de marca. Las redes de influencia son canales de comunicación y persuasión que funcionan en paralelo con los canales formales. En ocasiones, esos canales informales respaldan lo que la organización formal está intentando hacer, pero otras veces actúan para subvertirlo.

Existen varias técnicas que los nuevos líderes pueden utilizar para entender más rápidamente cómo funcionan esas dinámicas políticas. La primera consiste en hacer algunas suposiciones razonables sobre quiénes serán los participantes importantes teniendo en cuenta el tema en el que estás trabajando. Organiza algunas reuniones y después escucha activa y atentamente. Haz muchas preguntas, pero en un tono que no incite a actitudes defensivas. Si no estás satisfecho con una respuesta, repite la pregunta de dos o tres maneras diferentes durante la reunión. Plantea escenarios «qué pasaría si» para obtener consejos reflexivos de la gente con la que estás hablando.

La segunda estrategia consiste en buscar constantemente señales de estatus e influencia durante las reuniones, durante las conversaciones por los pasillos y en todas las interacciones. ¿Quién habla con quién?, y ¿de qué hablan? ¿Quién se sienta con quién? ¿Quién confía en quién cuando se comentan determinados temas? Cuando sale un tema, ¿hacia dónde miran los ojos de la gente?

Con el tiempo, los patrones de influencia se irán clarificando y podrás identificar a esas personas clave que ejercen una influencia desproporcionada por su autoridad informal, su experiencia o su personalidad. Si logras convencer a esos líderes de opinión de que tus prioridades y tus objetivos valen la pena, seguramente conseguirás que acepten tus ideas. Además, también empezarás a reconocer las coaliciones de poder: los grupos de gente que, explícita o implícitamente, cooperan a largo plazo para perseguir determinados objetivos y proteger ciertos privilegios. Si esas coaliciones están de acuerdo con tus planes, tendrás que aprovecharlas, pero si se oponen a ellos, no tendrás más remedio que romperlas o establecer unas nuevas.

Identifica a los defensores, los oponentes y los «persuasibles»

El trabajo que has hecho para determinar las redes de influencia en tu organización también te servirá para ver quiénes son los posibles defensores, los oponentes y los persuasibles. Los defensores son aquellos que comparten tu visión del futuro, los empleados que han estado trabajando para implementar cambios por sí mismos u otros nuevos líderes que todavía no forman parte del *statu quo*.

Los oponentes son aquellos que no aprueban tus objetivos. Las razones para resistirse a tu programa son variadas: no están de acuerdo con tu argumento para el cambio; están cómodos con la situación actual, probablemente *demasiado* cómodos; tienen miedo a que los cambios que tú propones les priven de poder; creen que tu plan tendrá consecuencias negativas para su gente, para los procesos y los atributos culturales por los que ellos se preocupan —la definición tradicional de la empresa de los *valores*, por ejemplo—, y, por último, tienen miedo a ser incompetentes si les surgen problemas para adaptarse a los cambios que estás proponiendo y no rinden lo suficiente. Si conoces las razones de tus oponentes para protestar contra tus iniciativas, estarás mejor equipado para contrarrestar sus argumentos y, quizás, incluso convencerlos para que defiendan tus propuestas.

Y hablando de conversiones, no te olvides de los persuasibles, aquellos que se muestran indiferentes, indecisos o no comprometidos con tus planes, pero que podrían ayudarte si averiguas cómo influir en ellos y cómo convencerlos.

Un diagrama de la red de influencias te ayudará a resumir lo que has aprendido sobre tales grupos de influencia. La evaluación que hizo Irina de los modelos de influencia en *Van Lear Foods* está resumida en la figura 3.4.

En el círculo central aparecen las personas que toman las decisiones más importantes en Van Lear —por lo menos, en lo que se refiere a los asuntos que a Irina le preocupan—, y son dos participantes importantes del ámbito corporativo, Marjorie Aaron y David Wallance, y el jefe de las operaciones en EMEA, Harald Emberger. Irina necesitaba que los tres estuvieran de acuerdo con sus iniciativas, por lo que conjuntamente constituyen una alianza ganadora.

Sin embargo, tal como indican las flechas del diagrama, esos dos directivos estaban influenciados por gente de dentro de sus propias organizaciones —las flechas más gruesas indican un mayor grado de influencia—. Marjorie Aaron estaba muy influenciada por Eric McNulty, su subdirector de la estrategia de

FIGURA 3.4

Las redes de influencia en Van Lear Foods

El diagrama muestra las relaciones de influencia clave que afectaban a la toma de decisiones sobre los asuntos que Irina Petrenko estaba intentando abordar en su organización.

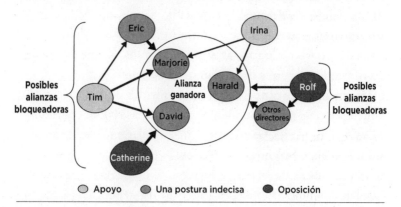

marketing, y por Tim Marshall, subdirector del grupo de estrategia corporativa. David Wallace estaba influenciado por Catherine Clark, vicepresidente de la planificación del desarrollo de nuevos productos, y por Tim Marshall. Harald Emberger estaba influenciado por las opiniones colectivas de los directores regionales que le reportan a él. Pero Rolf Eiklid, el director general de los países nórdicos, ejercía una gran influencia en las opiniones de Harald y en los otros directores generales. El diagrama también muestra que Irina ejercía una influencia importante en Harald y algo de influencia en Marjorie.

En el diagrama también podemos ver el apoyo o la oposición de los participantes: el gris oscuro indica oposición, el gris más claro indica apoyo y el gris medio indica indecisión. Según este cuadro, Catherine se oponía a la propuesta de Irina de cambiar el equilibrio entre la centralización y la descentralización en las decisiones importantes, Tim estaba a favor de los cambios y Eric estaba indeciso. Puesto que Davis estaba muy influenciado por Catherine, y Marjorie estaba moderadamente influenciada por Eric, Catherine y Eric formaban una alianza potencialmente bloqueadora en el lado corporativo. Además, los directores regionales y Rolf, que también se oponían a los cambios propuestos por Irina, podrían formar una alianza bloqueadora en la zona EMEA. En esta ocasión Irina también tendría que ganarse una masa crítica de apoyo en ambas partes para conseguir un acuerdo.

Elabora estrategias de influencia

Ahora que ya has hecho un análisis a conciencia de los patrones de influencia en tu organización, has identificado a los actores esenciales y sus alianzas, y has planificado los posibles escenarios, ha llegado el momento de idear una estrategia para liderar a través de la influencia, y no a través de la autoridad: factor fundamental para prosperar en tu nueva función y generar impulso para el cambio.

El primer paso es entender cómo perciben sus *intereses* los participantes clave. Los intereses son aquellos asuntos por lo que nos preocupamos. La clave está en descifrar a qué se oponen y por qué los posibles detractores, como Rolf y Catherine. ¿Se pueden evitar algunas pérdidas específicas? ¿Se puede proponer algún cambio beneficioso para compensar esas pérdidas? Ahora, haz el mismo análisis con los posibles defensores. ¿Qué podría atraerles de lo que les estás proponiendo? ¿Qué preocupaciones tienen que podrías tratar con antelación?

Conocer la percepción que tiene la gente de sus intereses es solo la mitad de la ecuación. La otra mitad es entender cómo la gente clave percibe sus *alternativas*. ¿Sobre qué opciones creen que pueden elegir? Lo importante aquí es que analices si los oponentes, como Catherine, creen que con su resistencia —abierta o encubierta— van a preservar su estatus. Si es así, es importante que rediseñes la percepción que tienen de sus alternativas, de manera que preservar su estatus deje de ser una opción viable. En cuanto la gente percibe que está a punto de producirse un cambio, el juego cambia normalmente de una oposición abierta a una competición por influir en el tipo de cambio que va a darse. Como consecuencia de ello, Irina tendrá que convencer a quienes toman las decisiones importantes —Marjorie, David y Harald— de que la situación actual no es aceptable y de que es necesario un cambio. La figura 3.5 es una herramienta sencilla para obtener esta información.

Ahora que ya has evaluado los intereses y las alternativas, podrás pensar en cómo estructurar tu argumento. Esto quiere decir pensar en las razones y la información que respaldan tus objetivos. Vale la pena que dediques el tiempo necesario para hacerlo bien. Está claro que, si Irina no consigue desarrollar —y exponer— un

FIGURA 3.5

Análisis de los intereses y las alternativas

Utiliza esta tabla para evaluar si los participantes más influyentes tienen alguna posibilidad de conseguir sus intereses —aquello que les preocupa— y sus alternativas —qué opciones creen tener—.

Quién	Intereses	Cuándo

cuadro organizacional atractivo que defienda los cambios que propone, nada de lo que haga merecerá la pena. Los mensajes tienen que darse en el tono adecuado, tienen que concordar con los intereses de los actores principales y, en especial, tienen que modelar sus alternativas. Por ejemplo, Irina tiene que estudiar qué puede hacer para que Rolf pase de ser opositor a ser, por lo menos, neutral, e idealmente defensor. ¿Qué le preocupa? ¿Podría darle alguna alternativa a cambio de que defendiera la implementación? ¿De que manera Irina podría ayudarle a conseguir otro de sus objetivos a cambio de que apoye sus ideas?

Una vez que hayas planificado la estructura, utiliza las siguientes técnicas para generar el impulso para el cambio: *el aumento progresivo, la secuenciación* y *la cumbre de la diplomacia*. Las tres técnicas pretenden cambiar la apreciación que tienen los jugadores principales de sus alternativas.

El aumento progresivo. Esta técnica consiste en mover paso a paso a la gente hacia las direcciones deseadas y, con el tiempo, convertir los compromisos menos importantes en compromisos principales.

Es una técnica muy efectiva, porque cada pequeño paso que se da crea un nuevo punto de referencia psicológico en la gente, lo que les anima a dar el siguiente paso. Por ejemplo, Irina podría haber empezado reuniéndose con la gente para analizar el «problema» de la centralización versus la flexibilidad. Con el tiempo, el grupo podría analizar cada uno de los problemas que implica ese cambio. Y, finalmente, tras haber trabajado y deliberado sobre las principales dificultades, los participantes podrían discutir algunos principios básicos para ver cuál sería una buena solución.

La secuenciación. Esta técnica consiste en estructurar intencionadamente el orden y la manera de comunicarte con las personas influyentes de la organización.[2] Si primero te acercas a las personas adecuadas, podrás poner en marcha un fructuoso ciclo de creación de alianzas. Una vez que hayas conseguido un aliado, te costará mucho menos reclutar a otros, y tu base de recursos se irá incrementando exponencialmente. Si tienes una base de apoyo más amplia, las posibilidades de que tu programa prospere aumentan, facilitando así aún más el reclutamiento de más seguidores. Basándose en su evaluación de los patrones de influencia que hizo Irina, está claro que primero debería haberse reunido con el subdirector de estrategia corporativa, Tim Marshall, para consolidar su apoyo y darle más información para que convenciera a otros miembros del lado corporativo, como Marjorie, David y Eric. La segunda reunión la debería tener con Eric, cuando Tim ya haya tenido la oportunidad de hablar con él y de convencerle.

La cumbre de la diplomacia. Esta estrategia consiste en organizar una serie de reuniones individuales y de grupo para generar impulso para el cambio. La clave está en conseguir una combinación adecuada. Las reuniones individuales son efectivas para configurar el terreno; por ejemplo, escuchando las posiciones de la gente, moldeando sus opiniones a partir de información nueva o adicional, o negociando acuerdos laterales. Pero la gente que participa en una negociación seria no suele estar dispuesta a hacer concesiones ni a comprometerse si no se sienta cara a cara con la otra parte. Por eso las reuniones cumbre son tan efectivas. Pero ten cuidado porque, si el proceso no ha madurado lo suficiente —es decir, si la gente no ha tenido el tiempo necesario para saber que ha de hacer concesiones—, esas reuniones cumbre pueden allanar el camino para que las alianzas bloqueantes insten a los participantes que tienen derecho de veto a abandonar la sala.

Al final, Irina no pudo realizar los cambios que quería en la toma de decisiones. Cuando dejó de prestar atención a la resolución de problemas y se concentró en la gestión política, la polarización ya era demasiado grande. Viendo que la distancia entre las posiciones de los miembros de los países EMEA y los de las oficinas centrales era insalvable, decidió sabiamente retirarse y concentrarse en trabajar efectivamente con la estructura existente. Fue algo frustrante, pero no fatal, y aprendió muchas lecciones útiles, que le ayudaron a enfrentarse mejor a otros retos.

Lista de verificación: la diplomacia corporativa

1. ¿Cuáles son las alianzas fundamentales que tienes que desarrollar, dentro y fuera de tu organización, para que tu programa avance?

2. ¿Qué otros programas están siguiendo los principales protagonistas? ¿Cómo podías coordinarlos con el tuyo y dónde podrían entrar en conflicto?

3. ¿Hay alguna posibilidad de desarrollar alianzas a largo plazo con otros? ¿Cómo podrías aprovechar los acuerdos a corto plazo para conseguir objetivos específicos?

4. ¿Cómo funciona la influencia en la organización? ¿Quién delega a quién en los asuntos problemáticos más importantes?

5. ¿Quién defenderá tu plan? ¿Quién se opondrá? ¿Quién tendrá dudas? ¿Cuáles son sus intereses y sus alternativas?

6. ¿Cuáles son los elementos de una estrategia de influencia efectiva? ¿Cómo deberías estructurar tus argumentos? ¿Podrían ayudarte las herramientas de la influencia como son el aumento progresivo y la secuenciación?

CAPÍTULO 4

El reto de la incorporación a una nueva empresa

El mandato que tenía David Jones estaba claro: aportar algo de disciplina y orientación a una empresa relativamente joven y de rápido crecimiento que diseñaba y fabricaba turbinas eólicas. Tan solo unos meses después de su incorporación a Energix como director de operaciones, David empezó a preguntarse si estaba destinado al fracaso.

Parecía ser la oportunidad perfecta para un directivo ambicioso con grandes dotes de liderazgo. Después de realizar un máster en Finanzas, David había empezado a trabajar en una empresa de fabricación icónica de *Fortune* 100 que era global y diversificada. Primero en la cadena de suministro y después en I+D, David había ido ascendiendo continuamente por la jerarquía de la empresa hasta llegar a subdirector de desarrollo de nuevos productos para la división de distribución eléctrica de la compañía.

David había aprendido a dirigir una empresa que era reconocida por el «talento de sus líderes» y por estar comprometida en potenciar el talento de su gente. El estilo de liderazgo se inclinaba más por uno del tipo «ordeno y mando», pero animaba a la gente a que dijera lo que pensaba, y así lo hacía. Para detectar el bajo rendimiento de sus empleados, la compañía utilizaba unos sistemas de medición de última generación, pero su fama de fábrica de líderes hacía que no les costara nada reclutar a nuevos talentos. Cuando la compañía tenía que cubrir puestos de alto nivel, muy pocas veces lo hacía con gente externa. No hacía falta.

La compañía llevaba tiempo siendo líder en la adopción y el perfeccionamiento de metodologías de gestión de procesos, como la gestión de calidad total, la producción ajustada y la Six Sigma. De hecho, prácticamente todos los empleados de la compañía habían sido formados en alguno de ellos. David, por ejemplo, era cinturón negro en Six Sigma. Todo ello había creado una organización en la que la gente creía realmente que «no puedes controlar aquello que no puedes medir». Había internalizado los procesos de gestión como si de una religión se tratase.

Los talentos extraordinarios de David y su aptitud natural para pensar en los sistemas fueron factores importantes en su rápido ascenso por la jerarquía organizacional, además de su naturaleza agresiva, que había ido perfeccionando siendo defensa de sus equipos de fútbol en la educación secundaria y la universidad. Lo que más le gustaba era abordar un problema y luchar contra él en el suelo. Con sus casi 1,85 metros de altura, David intimidaba a todo el mundo. Además, había conseguido legitimar una fuerte sensación de lealtad entre sus amigos, por la intensidad con la que defendía el compromiso de la compañía con el desarrollo de líderes.

No hace falta decir que la empresa era un terreno fértil para reclutadores corporativos: las decisiones que se tomaban sobre el personal solían ser de «asciendes o te vas», y solía haber un exceso de buenos candidatos para pocos puestos sénior. Así pues, al igual que muchos otros directivos de la firma, David recibía llamadas de cazatalentos regularmente. A veces, los escuchaba; a fin de cuentas, no le haría ningún daño medir su valor en el mercado laboral, ¿verdad? Pero nadie le había tentado hasta que le dieron la oportunidad de ser director de operaciones de Energix.

Energix había sido fundada hacía apenas seis años por unos inversores de Silicon Valley antes de empezar a cotizar en bolsa. Aprovechando que los precios de la energía se habían incrementado, Energix estableció una posición fuerte y de rápido crecimiento en el diseño y la fabricación de turbinas eólicas.

La compañía iba bien; había resistido las típicas transiciones de una *start-up*, pasando de dos personas a doscientas, y después a dos mil, más las que tendrá en un futuro próximo. Por ello, en más de una ocasión durante el proceso de selección, el consejero delegado había dicho a David que las cosas tenían que cambiar. «Tenemos que ser más disciplinados», le había dicho. «Hemos logrado mantenernos centrados y trabajar como equipo. Nos conocemos todos, confiamos los unos en los otros y hemos recorrido mucho trayecto juntos, pero debemos ser más sistemáticos en la forma de trabajar o, de lo contrario, no seremos capaces de aprovechar y mantener el nuevo tamaño de la empresa».

La decisión de nombrar a un director de operaciones ya era un gran paso para Energix. El consejero delegado nunca antes había nombrado a uno porque siempre había confiado en la estrecha relación laboral con el director financiero, el de I+D y el de operaciones, los cuales eran miembros del equipo fundador de la compañía. Sin embargo, con el crecimiento de la compañía, empezaban a surgir tensiones internas, en un momento en el que el consejero delegado tenía que centrarse más en las relaciones externas.

A David le atrajo la idea de ser el director de operaciones. Aparentemente, el puesto encajaba perfectamente con sus capacidades. Además, le ofrecían una buena remuneración vinculada al crecimiento de la compañía. Sería el responsable global de todas las operaciones internas y, al mismo tiempo, tendría un amplio margen para definir sus planes. Sabía que para desempeñar su tarea tendría que identificar, sistematizar y mejorar los procesos centrales de la organización, básicamente sentando las bases para el crecimiento sostenido de la compañía.

Entonces, David decidió tirarse a la piscina y se incorporó a Energix con su habitual entusiasmo. Durante las semanas posteriores a su incorporación estuvo recopilando toda la información posible sobre la compañía y sus operaciones. También realizó una serie de entrevistas con todos los miembros del comité de dirección (SMC) y con otras personas clave en el desarrollo de nuevos productos, operaciones y finanzas.

Como resultado de la información obtenida se podía deducir que era una compañía que había sido dirigida básicamente desde los despachos de sus directivos. Muchos procesos operacionales y financieros no estaban bien establecidos; otros no estaban suficientemente controlados. En el caso del desarrollo de nuevos productos había docenas de proyectos en marcha mal especificados o con etapas y objetivos poco precisos. La buena noticia era que el proyecto principal de Energix, una enorme turbina de última generación, estaba a punto de salir al mercado, aunque con un año de retraso y con un coste muy superior al presupuestado. David acabó ese proceso de recopilación de información preguntándose qué o quién había conseguido mantener unida a Energix y sintiéndose más convencido que nunca de que sería capaz de llevar a la empresa hasta el siguiente nivel.

Los problemas empezaron poco después de su nombramiento formal. Las reuniones con el comité de dirección empezaron a frustrarle, y todo empezó a ir a peor. Le habían dicho que el comité había decidido que el consejero delegado continuaría presidiendo esas reuniones solo hasta que David se hubiera establecido. Por su parte, David, que estaba acostumbrado a las reuniones muy disciplinadas, con agendas claras y decisiones formales, vio que las discusiones de los miembros del comité eran interminables y que los procesos para llegar a acuerdos eran agonizantes. Lo que más le preocupaba era la falta de debates abiertos sobre los problemas cruciales, y tenía la sensación de que esas decisiones se tomaban por otros canales. Cuando David exponía algún tema sensible o preocupante en las reuniones del comité de dirección, o cuando presionaba a los miembros de la sala para que se comprometieran a actuar, la gente se quedaba callada o recitaban una lista de razones por las que no se podían hacer las cosas de esa manera. David comentó al consejero delegado sus preocupaciones, y él le respondió diciéndole que quizás era una cuestión de tiempo hasta que entendiera «la manera de hacer aquí las cosas».

Dos meses después, y ya con poca paciencia, David decidió concentrarse simplemente en aquello para lo que había sido contratado: renovar los procesos para lograr el crecimiento de la compañía. El desarrollo de nuevos productos fue su primer objetivo por varias razones: su búsqueda de información había destapado numerosos agujeros en esa función y que afectaban a otras partes de la compañía; y, gracias a su experiencia previa, David conocía bastante bien las pautas para el desarrollo de nuevos productos. Organizó pues una reunión con los directores de investigación y desarrollo, de operaciones y de finanzas, para discutir el procedimiento. En esa reunión, David presentó un plan para crear unos grupos que estudiarían los procesos existentes y los rediseñarían. También explicó qué recursos iba a necesitar —por ejemplo, asignar a gente competente en operaciones y finanzas para colaborar con los distintos equipos— y que contrataría a consultores externos para que ayudaran en el análisis.

Cuando recordaba las conversaciones que había mantenido con el consejero delegado durante su reclutamiento y el claro mandato que le había dado, a David le sorprendían las evasivas con las que se estaba encontrando. Los distintos participantes escuchaban atentamente, pero ni ellos ni su gente querían comprometerse personalmente con el plan de David. En cambio, obligaban a David a que presentara su plan ante todos los miembros del comité de dirección, porque este afectaba a muchas partes de la empresa, y probablemente les perjudicaría si no se controlaba con esmero. Más tarde, se enteró de que, después de la reunión, dos de los participantes habían ido a ver al consejero delegado para explicarle sus preocupaciones. Uno llegó a decir que David era como un «elefante en una cacharrería». «Debemos tener cuidado de no desbaratar algunos equilibrios delicados al lanzar la turbina de nueva generación», dijo otro. Y ambos opinaban que «dejar que "Jones" dirija las cosas no parece ser el camino correcto».

Mientras David intentaba implementar sus ideas, veía que las relaciones con el consejero delegado empezaban a enfriarse de una manera preocupante. Anteriormente, el consejero delegado iba a hablar con él frecuentemente, pero con el tiempo era David quien tenía que iniciar las conversaciones. Sus encuentros ahora eran más formales y más protocolarios, mientras que el consejero delegado seguía insistiendo en la importancia del lanzamiento de la turbina de nueva generación, e indirectamente sugería que el lanzamiento de ese producto era prioritario para la mejora de los procesos. El consejero delegado también desviaba la conversación cuando David le preguntaba cuándo empezaría a dirigir sus propias reuniones de operaciones.

El reto de la incorporación a una nueva empresa

Como podemos ver en el caso de David, incorporarse a una empresa establecida nunca es fácil; o bien porque la nueva función del líder no está totalmente definida, o porque la estructura organizacional no le es familiar, o porque se aplican unas políticas más complejas de lo habitual. Pero este tipo de transiciones son cada vez más comunes. Hoy en día, las empresas —por incapacidad para crear sus propias reservas de talento y porque hoy más que nunca tienen la presión de ser globales— buscan a los directivos fuera de la empresa y después buscan la manera más efectiva de «incorporarlos».

El resultado es que empresas que han invertido una gran cantidad de tiempo y dinero en identificar y reclutar talento no pueden permitirse el lujo de que sus directivos recién contratados no rindan lo suficiente; o, peor aún, que los frustran tanto que deciden abandonar la empresa incluso antes de tener la oportunidad de ser más efectivos. Es entonces cuando entra el juego el proceso de la incorporación efectiva. Si los nuevos líderes son recibidos en un ambiente favorable que les anime a conseguir sus aspiraciones personales y organizacionales, prosperan mucho más rápidamente y se quedarán más tiempo en la empresa.

A pesar de que actualmente se presta más atención al reto de la incorporación, muchos líderes competentes siguen pensando que sus empresas no hacen un buen trabajo de apoyo a los directivos recién contratados. Un estudio que he hecho recientemente junto con la IMD Business School de Lausanne, Suiza, sobre directores de recursos humanos concluye que el 54% de los participantes cree que sus empresas no respaldan adecuadamente la incorporación de nuevos directivos.[1]

También es importante destacar que el reto de la incorporación a una nueva empresa hace referencia tanto a los líderes nuevos que están en transición entre dos empresas diferentes —como es el caso de David— como a aquellos que cambian de un departamento a otro dentro de la empresa. De hecho, mis estudios demuestran que, como término medio, *cambiar de un departamento a otro de la misma empresa es un 70% más difícil que incorporarse a una nueva empresa*. La razón principal es que los distintos departamentos de una misma empresa suelen tener subculturas muy diferentes debido a las adquisiciones o la naturaleza del trabajo que se hace dentro de cada unidad.

La inmunología organizacional

Los líderes recién incorporados, para incrementar las posibilidades de éxito en sus nuevos trabajos, deben reconocer que cada compañía tiene su propio «sistema inmunológico»; el cual comprende la cultura de la organización y sus redes políticas. De la misma manera que el sistema inmunológico de los seres humanos tiene la función de protegernos ante organismos extraños, el sistema inmunológico de una organización está preparado para aislar y destruir a aquellos seres extraños que pretendan introducir ideas «nocivas».

El sistema inmunológico protege al cuerpo humano demostrando, a partes iguales, baja y alta capacidad de reacción. Si responde débilmente a las señales de alerta, no nos defenderá contra un ataque real de un virus o permitirá que una célula dañada crezca hasta convertirse en un tumor cancerígeno. Pero, si el sistema reacciona en exceso, irá en contra de las cosas buenas del organismo produciendo enfermedades autoinmunes, como la artritis reumatoide o la esclerosis múltiple.

Ocurre algo parecido cuando la cultura y las redes políticas de las organizaciones funcionan bien y evitan que los «pensamientos nocivos» y las «personas nocivas» entren en el edificio y causen daños. Si el sistema inmune de la compañía responde débilmente a las señales de alerta, los líderes nocivos infectarán la empresa causando enormes daños. Pero, si el sistema funciona *excesivamente* bien, hasta las cosas potencialmente buenas que vengan de fuera serán destruidas. En concreto, el sistema organizacional aísla y debilita al «agente» disruptivo —en este caso, David Jones— hasta que este decida abandonar. Incluso los agentes del cambio más necesitados pueden caer en ello. En una empresa tecnológica de Silicon Valley vi que el índice de éxito de las incorporaciones externas era casi cero. Y, en una empresa líder de servicios financieros con la que trabajé, como frase irónica decían que: «Cuando se contrata a una persona nueva de fuera de la empresa, se le dispara una bala a la cabeza. La pregunta es si podrá esquivarla a tiempo».

Es fundamental, pues, que los líderes que se incorporen a una empresa asuman sus nuevos cargos de una forma que no desencadene ataques del sistema inmunológico de la misma. La clave está en no hacer cosas por las que te puedan etiquetar como «persona peligrosa».

Pensar que tienes todas las respuestas. David entró en Energix convencido de que el problema fundamental de la empresa era que los procesos estaban mal definidos y que él tenía la capacidad y los conocimientos necesarios para solucionarlo. No le costó llegar a esa conclusión porque la mejora de los procesos era una de sus competencias más fuertes, y naturalmente interpretó desde esa perspectiva lo que el consejero delegado le dijo sobre que la empresa necesitaba «disciplina». También interpretó desde esa perspectiva la información que había recopilado de la empresa. Así, llegó a la empresa esperando que todos entendieran que ese era «el problema» y que estuvieran de acuerdo en que estaba allí para solucionarlo. Aunque tuviese razón, *eso no importaba.* Su manera habitual, un tanto agresiva, de liderar el cambio ofendió inevitablemente a la gente influyente y provocó una reacción inmunológica en Energix.

Querer traer a tu propia gente. Antes de ir a buscar talento a tu antigua empresa piénsatelo dos veces, porque no hay nada peor para provocar una reacción inmunológica. David no cayó en esa trampa, aunque intentó contratar a algún consultor que había trabajado con él. En las situaciones de reestructuración y de éxito sostenido, intentar «llevarte a tu propia gente» es especialmente arriesgado. En el caso de una transformación en la que tienes que formar rápidamente a tu propio equipo, es lógico que contrates a gente competente que conozcas y en quien confíes. Pero, en casos menos urgentes, es probable que el llevarte a gente que conoces sea interpretado como que no estás satisfecho del nivel de talento que hay en tu nueva organización. Si tienes que sustituir a alguien de tu equipo, la mejor opción es que busques en un nivel inferior. La segunda opción sería contratar a gente externa *pero no de tu antigua empresa*. Una vez que te hayas ganado suficiente credibilidad y confianza en tu nueva organización, podrás acudir a tus antiguos compañeros, pero ten cuidado en no ir demasiado rápido para contratar a gente que ocupe los puestos relevantes.

Crear la impresión de que «no hay nada bueno por aquí». Este es un síndrome que suele ocurrir durante los primeros días de una transición mientras se está estudiando la información de la nueva empresa para conocerla mejor. Existe la tendencia natural a concentrarse en los problemas, a identificarlos, priorizarlos y crear planes para solucionarlos. Pero no puedes hablar únicamente de los problemas que has visto sin hablar de las capacidades y los logros de la organización. No basta con que reconozcas sus cualidades, también tendrás que demostrar a las personas de la empresa que las valoras. Si da la impresión de que crees que «no hay nada bueno por aquí», está claro que el sistema inmunológico de la organización te atacará.

Ignorar la necesidad de aprender y adaptarse. Por último, otra forma segura de provocar un ataque inmunológico es actuar de una manera que sea obviamente contracultural y, sobre todo, que muestre poco interés por aprender y adaptarse. Es muy probable que al principio, por el mero hecho de ser nuevo en el entorno, actúes de una manera culturalmente inconsistente; eso te lo perdonarán. El peligro viene cuando la gente piensa que tienes lo que el columnista político George Will describió como «una curva de aprendizaje tan llana como Kansas». Por ejemplo, David Jones se dio cuenta de que en Energix las decisiones se tomaban de diferente manera que en su antigua empresa, pero, en lugar de intentar entender la nueva cultura, adaptarse a ella y, al final, remodelarla, se decepcionó e intentó lanzar un ataque frontal inmediato. El sistema, por supuesto, no se lo permitió.

Es muy difícil vencer a los sistemas inmunológicos de una organización una vez se han activado, y por eso tendrás que crear tolerancias convenciendo a la organización de que, aunque pretendas hacer cambios difíciles, perteneces a ella. Para ello tendrás que concentrarte en tres tareas fundamentales desde el principio de tu incorporación: adaptarte a la cultura, crear conexiones políticas y alinear las expectativas.

Adaptarte a la cultura

Quizás el reto más difícil para los líderes que se incorporan a una empresa nueva sea el de adaptarse a culturas con las que no están familiarizados. Para adaptarte con éxito, lo primero que has de conocer es esa nueva cultura con todo detalle y cómo se manifiesta en la organización o en el departamento donde vas a trabajar. Para ello imagina que eres antropólogo y que te han mandado estudiar una civilización recién descubierta.

FIGURA 4.1

La pirámide de la cultura

¿Qué es la cultura? Es un conjunto de patrones coherentes que las personas utilizan para comunicarse, pensar y actuar, y esos patrones se basan en las suposiciones y los valores que comparten. En cualquier organización, la cultura suele estar dividida en capas, tal como muestra la figura 4.1.[2]

En la parte superior de la pirámide de la cultura están los elementos superficiales: símbolos, lenguajes compartidos y otros elementos más visibles para los foráneos. Los símbolos obvios incluyen la manera de vestir de la gente, la manera de organizar sus oficinas, la distribución de los beneficios entre determinados grupos de trabajo. Las organizaciones también comparten un lenguaje como, por ejemplo, una larga lista de acrónimos para describir las unidades de negocio, los productos, los procesos, los proyectos y otros elementos de la compañía. En este nivel es relativamente fácil para los recién llegados intuir cómo han de encajar. Si la gente de tu nivel no lleva corbata, tú tampoco deberías llevarla. Si tus compañeros y subordinados están acostumbrados a recibir ciertos beneficios, será mejor para ti como nuevo líder que los adoptes y los mantengas. Y es básico que desde el principio intentes expresarte como lo hacen los locales, a no ser que pretendas dar una señal de cambio de cultura.

Por debajo de la capa superior de los símbolos y el lenguaje hay un conjunto menos visible y más profundo de normas y patrones de comportamiento aceptados. Esos elementos de la cultura incluyen cuestiones como la manera en que la gente obtiene el apoyo para iniciativas importantes, cómo se gana el reconocimiento por sus logros y cómo considera las reuniones, si como foros de discusión o como sesiones para dar el visto bueno (consulta el cuadro «Identificar las normas culturales»). Esas normas y modelos suelen ser difíciles de discernir, y solo se hacen evidentes cuando llevas tiempo en el nuevo entorno —algo que David Jones debería haber sabido—. David había aprendido a liderar en una cultura en la que todo el mundo aceptaba la importancia de tener, y seguir, unos procesos sólidos para trabajar. Pero en Energix la cultura se centraba más en las relaciones, una consecuencia de su condición de *start-up* relativamente joven. A pesar de que ciertamente era esencial que David orientara a la empresa hacia más y mejores procesos, fue un gran error suponer desde el primer día que la importancia que daban a las relaciones para conseguir hacer las cosas era disfuncional e intentar derribar ese elemento fundamental de la cultura.

Y, por último, en la base de cualquier cultura están las suposiciones fundamentales que todos tienen sobre la manera de funcionar y los valores compartidos que infunden y refuerzan los demás elementos de la pirámide. Un buen ejemplo son las creencias generales que la gente de la compañía tiene sobre la manera adecuada de distribuir el poder según el puesto que ocupa. ¿Tienen los directivos mucho poder de decisión desde el primer día, o la autoridad es una función que depende de la antigüedad? ¿Funciona la empresa por consenso y, por tanto, la habilidad de convencer es clave? Esos elementos de la cultura suelen ser invisibles, y no se hacen evidentes hasta al cabo de un tiempo.

Identificar las normas culturales

Los siguientes dominios son áreas en las que las normas culturales pueden variar significativamente de una empresa a otra. Los líderes en transición deberían utilizar esta lista para averiguar *cómo funcionan realmente* las cosas en la nueva empresa.

- **Influencia.** ¿Cómo obtiene la gente el apoyo para las iniciativas importantes? Para decidir si una idea tuya es buena o no, ¿es más importante tener el apoyo de alguien de dentro del equipo directivo o el de tus compañeros y subordinados?

- **Reuniones.** ¿Imperan en las reuniones las discusiones sobre asuntos difíciles, o son simples foros para comunicar los acuerdos que se han tomado en privado?

- **Ejecución.** Cuando llega el momento de hacer cosas, ¿qué es más importante, conocer mejor: los procesos de actuación o a la gente adecuada?

- **Conflictos.** ¿Puede la gente hablar abiertamente de los problemas sin miedo a ser recriminada o prefiere evitar conflictos? O, peor aún, ¿los traspasa a niveles inferiores donde pueden causar estragos?

- **Reconocimiento.** ¿Promueve la empresa la aparición de «estrellas», recompensando a aquellos que dirigen visible y verbalmente las iniciativas de la empresa? O, al contrario, ¿anima a todos los participantes y recompensa también a aquellos que lideran con autoridad, pero en silencio y de manera colaborativa?

- **El fin versus los medios.** ¿Hay restricciones sobre cómo conseguir resultados? ¿Tiene la organización un conjunto de valores bien definido y bien expuesto que se refuerza mediante incentivos positivos y negativos?

Provisto de un conocimiento más profundo de los elementos de la cultura corporativa, estarás en una posición mucho más fuerte para determinar el tipo de cultura corporativa en el que te estás metiendo y cuáles son las diferencias con respecto a otras culturas en las que has trabajado. Deberías iniciar ese proceso cuanto antes, haciendo preguntas durante las entrevistas y utilizando esta lista de elementos para formular tus inquietudes. Sin embargo, procura no creerte todo lo que oyes. Ten en cuenta que ambas partes estáis todavía en la fase de cortejo, y los directivos serán comprensiblemente un poco reacios a revelarte toda la verdad sobre la empresa. Intenta hablar sobre lo bueno y lo malo de la empresa con gente que se haya ido de la misma.

Una vez que te hayas incorporado continúa con tu proceso de aprendizaje y adaptación. Es inevitable que cometas algunas «violaciones de los límites» actuando de una forma incompatible con los comportamientos convencionales. No esperes encajar de buenas a primeras porque, en general, tampoco es lo que esperan que hagas. Pero sí esperan que *reconozcas* tus meteduras de pata, que hagas lo correcto para *recuperarte* de ellas y que *vuelvas a calibrar* tu comportamiento.

En resumen, es fundamental que te familiarices con el proceso de reconocer-recuperarte-recalibrar, y que realices cada paso con la mayor rapidez y eficiencia posible. En este sentido, te pueden ayudar los «intérpretes culturales» de la nueva organización o unidad. Ellos podrán darte buenos consejos para tu transición, porque son las personas que llevan más tiempo en la empresa y conocen bien su cultura. (Como veremos en el capítulo 5, también deberías acudir a ellos cuando tengas que emprender un traslado internacional). Es difícil encontrar a gente con todos estos atributos, pero vale la pena que lo intentes porque esos intérpretes te ayudarán a reconocer cuándo has sobrepasado los límites, a hacer las reparaciones necesarias y a restablecer las expectativas —las tuyas y las de la compañía—.

Cuando conozcas la cultura de la nueva empresa o del nuevo departamento, has de pensar qué grado de adaptación necesitas para emprender el cambio necesario. El grado de adaptación depende de en qué fase de su ciclo de vida esté la compañía y de los retos empresariales a los que se enfrenta (en los capítulos 6, 7 y 8 hablaré más de la estructura STARS que los líderes en transición pueden utilizar para determinar el contexto en el que están trabajando). Por ejemplo, si te incorporas a una empresa que se enfrenta a una transformación, es probable que tengas que hacer un cambio radical, que incluya una reformulación total de la cultura corporativa. En el caso de una transformación, el sistema inmunológico de la organización suele estar debilitado, y las nuevas ideas son bien recibidas. En el caso de reorganizaciones, el tema es más complicado porque los cambios deberían ser más incrementales y porque la cultura disfuncional suele ser una parte importante del problema. Evidentemente, en esos casos, la resistencia al cambio será más fuerte.

Crear relaciones políticas

David Jones se dio cuenta, de una forma algo brusca, de que es prácticamente imposible para los directivos que se incorporan a una nueva empresa generar el dinamismo necesario para el cambio si no conocen el sistema político de la empresa: quiénes son las personas influyentes, quién no tiene influencia, qué relaciones son las más importantes, etc. Por lo tanto, el segundo tema que deberían abordar los líderes que están en un proceso de transición es identificar a las personas más influyentes y forjar con ellas relaciones laborales productivas. Aquí también hay dos trampas que tendrás que evitar: centrarte únicamente en las relaciones verticales y confundir cargos con autoridad.

Mirar solo «arriba y abajo». Los líderes que se incorporan a una empresa tienen una tendencia natural, aunque peligrosa, a centrarse demasiado en desarrollar relaciones verticales nada más llegar, mirando hacia arriba a sus jefes y hacia abajo a sus equipos. Como consecuencia de ello, ignoran las relaciones laterales —que también tendrán que desarrollar y reforzar— con sus compañeros, con sus clientes y con otras personas implicadas de fuera de la organización. Volviendo al caso de David Jones, él puso mucho más énfasis en la recopilación y el análisis de datos que en conocer a la gente. No se dedicó a desarrollar la confianza y la credibilidad con los principales implicados. Si en sus primeras reuniones con el consejo de dirección se hubiera interesado más en conocer a los miembros del consejo, sus preocupaciones y el funcionamiento de la empresa, probablemente habría generado menos reacciones defensivas.

Confundir cargos con autoridad. En el proceso de identificar a las personas más influyentes de tu empresa, es fácil que recurras a los de siempre: los grandes accionistas, tu nuevo jefe, algunos de tus compañeros y tus subordinados. Pero esas personas no son las únicas que tienen un poder real; en toda empresa hay una organización informal u «oculta», además de la formal.[3] Siempre hay directivos bien situados y altamente respetables en la empresa cuya influencia es mucho mayor que su autoridad formal.

Teniendo en cuenta estos dos errores, los directivos que se incorporan a una empresa han de crear relaciones valiosas actuando deliberadamente; es decir, dirigiéndose a la gente adecuada, analizando sus planes y sus alineaciones y forjando relaciones basadas en el interés común. Para identificar a las personas más influyentes lo mejor que pueden hacer es trabajar con una lista detallada de la gente que forma parte del departamento, la empresa y la organización en general, las comunidades asociadas, la comunidad de analistas, etc. (En el cuadro «Lista de verificación de las partes interesadas» hay un informe detallado de los objetivos a los que prestar atención). Probablemente, tu nuevo jefe podrá ayudarte a reducir esa lista, como también puede hacerlo alguien de recursos humanos.

Lista de verificación de las partes interesadas

Cuando hagas una transición a una empresa o a un nuevo departamento, tendrás que identificar qué personas, internas y externas, de la organización te pueden ayudar a conseguir tus planes. Esta es una lista de los posibles candidatos a los que tendrás que conocer.

Dentro de la organización

- **Jefe(s).** ¿Cuáles son sus principales expectativas? ¿Qué puedes hacer para ayudarles a conseguir algunas victorias? Si tienes más de un jefe, ¿en qué coinciden sus intereses y en qué se contradicen?

- **Compañeros.** ¿Quiénes necesitan, más o menos, tu ayuda para lograr sus objetivos? ¿A quiénes afecta, más o menos, tu capacidad para conseguir tus objetivos? ¿Dónde tendrás que invertir más capital político para ganar su apoyo en las iniciativas que propones?

- **Subordinados.** ¿Quiénes entre tus subordinados han tenido siempre más influencia en las decisiones importantes —según el tema que se trate— y por qué? ¿Quién es más probable que defienda, se oponga o se muestre indiferente a las iniciativas que propones? ¿Hay alguna alianza entre los miembros del equipo que has formado?

- **Otros empleados.** ¿Quién ejerce una mayor influencia informal en tu organización y por qué? Entre esas personas que ejercen una fuerte influencia «informal», ¿quiénes apoyarán, se opondrán o se mostrarán indiferentes a tus propuestas?

En la organización en general

- **Corporación.** Si estás trabajando en un departamento que pertenece a una estructura corporativa más amplia, ¿quién influye más en tu capacidad para conseguir tus objetivos a la hora de aprobar las cuestiones financieras, de darte acceso al talento y a otros recursos o de definir los límites legales y reguladores?
- **Clientes internos.** ¿Qué clientes influyen más en el rendimiento de tu departamento? ¿Qué es lo que más les preocupa? ¿Cómo les ayudarás a solucionar problemas importantes para ellos?
- **Proveedores internos.** ¿Qué proveedores internos influyen más en el rendimiento de tu departamento? ¿Qué es lo que más les preocupa? ¿Cómo les ayudarás a solucionar problemas importantes para ellos?

Fuera de la compañía

- **Clientes.** ¿Qué clientes externos influyen más en el rendimiento de tu organización? ¿Qué es lo que más les preocupa? ¿Cómo les ayudarás a solucionar problemas importantes para ellos?

- **Proveedores.** ¿Qué proveedores externos influyen más en el rendimiento de tu organización? ¿Qué es lo que más les preocupa? ¿Cómo les ayudarás a solucionar problemas importantes para ellos?

- **Legisladores.** ¿Qué personas del gobierno o pertenecientes a alguna fundación o ONG tienen mayor capacidad para cambiar significativamente «las reglas de juego» de tu organización? ¿Qué es lo que más les preocupa a esas personas? ¿Cómo tenderás puentes con ellos?

- **Analistas y medios de comunicación.** Según sus observaciones e interpretaciones del rendimiento de tu compañía, ¿qué comunidad de analistas y medios tienen más influencia en los inversores y en el público en general? ¿Qué es lo que más les preocupa a esos grupos institucionales? ¿Cómo tenderás puentes con ellos?

Una vez averiguado el «quién» de la ecuación, tendrás que averiguar el «qué». ¿En qué planes tienen más interés las personas más influyentes? ¿Concuerdan sus planes con los tuyos? ¿Por qué persiguen esos planes? ¿Cuándo se deben tomar decisiones irreversibles de manera absoluta y positiva? ¿Dónde están los puntos clave de decisión, los hitos y otros eventos que obligan a la acción?

Ten en cuenta que, cuando te incorporas a una empresa, tu agenda de relaciones está a cero. Ya hemos comentado en el capítulo 3, al hablar de la diplomacia corporativa, que ampliarás rápidamente esa agenda si sabes de dónde vienen los demás y si les ayudas a avanzar en los temas que son buenos tanto para la organización como para ellos mismos.

Alinear las expectativas

David Jones estaba seguro de haber entendido lo que el consejero delegado de Energix quería de él: que dotara de una estructura a una empresa que estaba a acostumbrada a trabajar sobre la marcha. Más procesos, menos improvisación. Pero la interpretación que hizo David del reto del cambio organizacional no encajaba del todo con los objetivos y las expectativas del resto del equipo directivo. Ese hecho subraya la importancia del tercer imperativo que han de cumplir los directivos que se incorporan a una empresa: asegurarse de que conocen las expectativas de éxito y de que son capaces de lograr estos objetivos. De lo contrario, caerán en las siguientes trampas de la transición:

No verificar una y otra vez. Las expectativas que David y su nuevo jefe negociaron durante el proceso de selección no eran necesariamente las mismas que acordaron otras personas de la compañía. ¿Cómo es posible? *Porque el proceso de selección es como un cortejo, y firmar el contrato de empleo es como un matrimonio*: durante el proceso de selección, ninguna de las dos partes consigue una visión completa del otro. Ambas partes, líder y organización, ofrecen su mejor cara; no necesariamente para engañar, sino para acentuar su lado positivo. Por eso, la organización finaliza el proceso de selección con unas expectativas infladas de lo que puede conseguir el recién contratado, y este puede pensar que tiene más autoridad para hacer cambios de la que en realidad tiene. Como consecuencia, alguien como David se incorpora a la empresa seguro de su mandato y empieza a actuar en base a lo que cree, generando así una reacción previsible.

Olvidarse de las expectativas no expresadas. Simplemente, algunas personas son mejores comunicadoras que otras; sean jefes, cónyuges, clientes, socios o contrapartes. Parece ser que el consejero delegado de Energix no era demasiado buen comunicador. Omitió algunos elementos muy importantes, y ello afectó a su mandato; por ejemplo, que la prioridad era lanzar con éxito la turbina de nueva generación. Es imprescindible que el líder que se incorpora a una empresa desentrañe *todas* las aspiraciones y *todos* los objetivos que su jefe tiene para ese departamento o para la empresa. Para ello, la triangulación es una técnica muy útil: hazle a tu jefe la misma pregunta de tres maneras diferentes y observa cómo varían sus respuestas. Otra buena táctica consiste en comprobar que has entendido bien lo que te ha dicho: durante las conversaciones importantes sobre las expectativas, resume y comparte lo que has entendido de lo que te ha dicho. Puedes hacerlo verbalmente, cuando la sesión esté a punto de concluir, o por escrito, con un email de seguimiento.

Falta de acuerdo sobre el reto empresarial. Si crees que hay partes de la organización que necesitan una reestructuración importante pero tu jefe cree que ya se están realizando mejoras incrementales, o viceversa, tienes un problema. Cuando las opiniones sobre los retos más importantes a los que se enfrenta un departamento o una empresa son radicalmente opuestas, es importante que retrocedas y dediques un tiempo a formar a todas las partes interesadas sobre esa situación. No te comprometas con alcanzar ningún objetivo hasta que todas las partes estén de acuerdo.

Negociar las expectativas y los recursos por separado. Los líderes que se incorporan a una empresa o un departamento suelen meterse en líos cuando negocian expectativas y recursos secuencialmente, y no simultáneamente. Normalmente, esto ocurre cuando el líder en cuestión se siente obligado a aceptar compromisos antes de saber realmente qué necesitará para cumplirlos. Si ese es tu caso, intenta aplazar las decisiones hasta que hayas avanzado más en la curva de aprendizaje. Esto no siempre es posible. Sin embargo, puedes negociar el proceso de participación desde el principio, dejando claro que te gustaría antes hacer un diagnóstico de la situación, presentar una evaluación y un plan, y después reconfirmar las expectativas y los plazos.

Para evitar esas trampas, los líderes han de tener conversaciones importantes con su nuevo jefe sobre el estilo de liderazgo, la situación de la empresa, las expectativas para el éxito, la distribución de recursos y la corrección del rumbo, siendo este el orden aproximado de las conversaciones (ver «Las cinco conversaciones»).

Las cinco conversaciones

A continuación tienes una lista de las cinco conversaciones que deberías tener con tu nuevo jefe junto con algunas preguntas a modo de guía, que pueden ayudar a ambas partes a llegar a un acuerdo sobre el reto del cambio organizacional que vais a hacer.

- *La conversación sobre el estilo*
  - ¿De qué manera trabajaremos mejor juntos?
  - ¿Qué forma de comunicación prefieres?
  - ¿Qué nivel de detalle quieres sobre mi organización o departamento y sobre las cuestiones que afronto?
  - ¿Cómo prefieres tomar las decisiones?

- *La conversación sobre la situación*
  - En general, ¿cómo ves la situación STARS en mi organización? ¿En subcomponentes importantes?
  - ¿En qué basas esas valoraciones?
  - ¿Qué grado de seguridad tienes?

- *La conversación sobre las expectativas*
  - ¿Qué se espera que consiga y para cuándo?
  - ¿Cuáles son para ti las «victorias tempranas»?
  - ¿Qué resultados tengo que evitar a toda costa?
- *La conversación sobre los recursos*
  - ¿De qué recursos financieros y de otro tipo dispongo?
  - ¿Qué posibilidades tengo de hacer cambios en mi equipo?
  - ¿Hasta qué punto me ayudarás a defender el cambio?
- *La conversación sobre la rectificación del rumbo* (esto debería empezar a hacerse antes de que pasen noventa días).
  - ¿Cómo están yendo las cosas por ahora?
  - ¿Qué estoy haciendo bien?
  - ¿Te preocupa algo?

Crear sistemas de incorporación

Es responsabilidad del ejecutivo en transición conocer la cultura de su nueva empresa o departamento, desarrollar las relaciones políticas adecuadas y negociar los mandatos correctos. Pero las compañías también pueden hacer mucho para ayudar al líder a acelerar esos procesos.

Acelerar la adaptación cultural. Los expertos en recursos humanos y en gestión de talento tienen muchos medios y programas para ayudar a los ejecutivos recién contratados. Algunos son muy fáciles de crear e implementar; por ejemplo, darle una lista actualizada de los términos y acrónimos que se usan en la empresa.

Otros son más difíciles de implementar, pero muy útiles; por ejemplo, dar a los nuevos líderes información sobre las normas y los valores organizacionales.

En este último punto, los responsables de la contratación y el equipo directivo han de ser muy sinceros sobre la cultura de la empresa y han de estar dispuestos a describirla y comentarla de manera muy detallada. Evidentemente, a algunas organizaciones no les gusta hablar abiertamente de sus culturas porque no quieren asustar a la persona talentosa que ha sido seleccionada haciéndole pensar que no va a encajar. Pero es mejor ser sincero. Cada vez son menos los nuevos empleados que reclaman un cebo, porque son conscientes de que van a trabajar en una cultura completamente nueva para ellos.

Las empresas deberían utilizar diferentes medios para reflejar y describir la cultura a los nuevos líderes. Por ejemplo, yo trabajé con una empresa líder de atención sanitaria que quería estudiar y escribir un informe sobre su historia y su cultura. Fue un recurso de gran valor para los nuevos directivos. En otros casos, he creado recopilaciones de entrevistas cortas en vídeo con «supervivientes» de las nuevas contrataciones. Esos líderes que han estado ahí y han hecho eso, pueden dar lecciones maravillosas a los nuevos ejecutivos. Las empresas también podrían asignar un «intérprete cultural» al recién contratado, de esta manera tendrá siempre un recurso al que hacerle preguntas y comentarios sobre la cultura corporativa.

Acelerar el desarrollo de las relaciones políticas. En los procesos de incorporación efectivos, las empresas identifican a todas las personas clave y las implican antes de que el directivo tome posesión de su cargo. Lo normal es que el responsable de recursos humanos se siente con el jefe del nuevo empleado, con sus compañeros y con sus subordinados para crear esa lista. Esa persona de recursos humanos animará y apoyará al nuevo directivo para que organice reuniones tempranas con las personas clave. También hay sesiones de asimilación y otras herramientas y programas de evaluación estructurados que contribuyen a acelerar la formación de las relaciones.

Si no hay recursos asignados para apoyar el proceso recién descrito —por ejemplo, en una pequeña empresa con poca gente para asignar a los nuevos empleados— los recursos humanos pueden dar a los directores de contratación una plantilla para crear una lista de las diez personas principales con las que el nuevo ejecutivo tendrá que contactar cuanto antes, y otra plantilla para que redacte los e-mails de presentación a esas personas. Las compañías también pueden dar otras herramientas a los ejecutivos en transición, como la metodología para trazar las influencias que he comentado en el capítulo 3, y ayudarles así a diagnosticar las redes informales, a identificar las alianzas clave y a elaborar un plan para ganarse el apoyo y generar impulso.

Acelerar la alineación de las expectativas. La empresa debería explicar claramente la importancia de las discusiones estructuradas sobre las expectativas. Tales conversaciones deberían formar parte del programa de contratación y, por lo tanto, deberían ser unos procesos claros a través de los cuales los directivos que contratan y los nuevos líderes negocian las expectativas y los recursos. Algunas compañías utilizan los mismos sistemas para la planificación de las actividades. Si bien esos sistemas son útiles, tendrán que reforzarlos con más conversaciones, para garantizar la alineación de las expectativas de los jefes, los subordinados y los compañeros de equipo.

Además de ayudar a los ejecutivos a prosperar en las tres áreas fundamentales de la cultura, las alianzas y los resultados que se esperan obtener, las empresas también deberían ofrecerles apoyo en tiempo real. Si se les da demasiada información, al principio se pueden sentir abrumados, pero si se espera demasiado tiempo para dársela, los ejecutivos se lamentarán diciendo: «¿Por qué me dices esto ahora que ya he metido la pata?». Durante los primeros días y meses de una incorporación, los ejecutivos necesitan un suministro constante de información que provenga de fuentes fidedignas y que estén dispuestas a permanecer a la espera de sus preguntas.

Y, por último, tiene que haber una relación coherente entre el proceso de reclutamiento y el proceso de incorporación. Dicho de otra manera, *ni los mejores sistemas de incorporación pueden compensar los errores de una mala contratación*, y hay muchas empresas que se centran en atraer a las «estrellas», en lugar de a los «actores», sin preocuparse demasiado por si esas personas son realmente la mejor opción para la organización. Puede ser que un directivo tenga los conocimientos y la experiencia «adecuados» para la organización, pero quizás su estilo de liderazgo o sus valores no encajen en la cultura organizacional. Eso parece haber sido la raíz de los problemas de David Jones en Energix.

Para integrar sus procesos de selección e incorporación, las empresas han de ir más allá de los procesos estándares lineales de la descripción del puesto, las entrevistas y la contratación (ver figura 4.2). Deberían evaluar los riesgos y las concesiones de contratar a alguien de dentro versus contratar a alguien de fuera, en función de la situación. Si la compañía necesita una transformación radical, por ejemplo, es menos arriesgado contratar a alguien de fuera que si tuviera que hacer una reestructuración. ¿Por qué? Porque la gente de una empresa suele estar más abierta, y quizás hasta más desesperada, ante las perspectivas externas.

FIGURA 4.2

Vincular los procesos de contratación e incorporación

El responsable de las contrataciones debería tener en cuenta también la tolerancia al riesgo y las concesiones entre las capacidades del individuo y su adaptabilidad. Conforme avanza el proceso de entrevistas, podrían crear un perfil de riesgo de la transición para el directivo que se incorpora, para poder identificar esas áreas en las que el directivo necesitará ayuda y así reducir el riesgo de generar reacciones fatales por parte del sistema inmunológico organizacional. Por último, fíjate en que el proceso de incorporación genera ideas sobre la cultura de la compañía que se podrán aprovechar para futuros reclutamientos.

Lista de verificación: la incorporación

1. ¿Cómo acelerarás tu aprendizaje sobre la historia y la cultura de tu nueva organización? ¿Hay algún intérprete cultural que te puede ayudar a conocer los detalles?

2. ¿Qué has de hacer para encontrar el equilibrio ideal entre adaptarte a la nueva cultura e intentar modificarla? ¿Cómo evitarás un ataque del sistema inmunológico?

3. ¿Quiénes son las personas interesadas —internas y externas— de tu nueva organización que tendrán una influencia significativa para que prosperen, o no, tus planes? ¿Qué les preocupa y por qué?

4. ¿Qué podrías hacer para acelerar tu habilidad de desarrollar las «conexiones» políticas adecuadas en la organización? ¿Tienes algún recurso para ello?

5. ¿Cómo asegurarás que tus expectativas estén alineadas con las de tu jefe, tus compañeros y otras personas implicadas? ¿Te podría ser útil la estructura de las cinco conversaciones?

6. ¿Hay otros procesos o recursos en tu nueva organización que pudieran ayudarte a acelerar tu proceso de incorporación?

CAPÍTULO 5

El reto de un traslado internacional

Oscar Barrow sabía que acabaría en China.* Llevaba diez años ascendiendo por la jerarquía de Genera Pharmaceuticals en Estados Unidos. Su ascenso había sido rápido desde un puesto básico en la fabricación hasta director general de una de las fábricas más importantes del país. El siguiente paso lógico era un puesto en el extranjero, y Genera acababa de abrir operaciones en China. Oscar esperaba con impaciencia el reto de dirigir a gente nueva en una cultura diferente. Pero el ambicioso ejecutivo no había calculado lo estresante que sería un traslado internacional para él y para su familia.

Oscar llevaba un tiempo buscando trabajo fuera de Nueva York. Empezó a buscarlo cuando su mujer, Jennifer, socia de un despacho de abogados de Nueva York, dejó su trabajo para dedicar más tiempo a sus hijos: un recién nacido y un niño pequeño.

---

* Este capítulo fue escrito conjuntamente con Mark Clouse.

En menos de seis meses, Oscar se había asegurado un puesto emocionante de director general de una fábrica que tenía Genera en una zona industrial cerca de Pequín. Al principio, Jennifer se mostró un poco reticente a trasladarse a un país con una cultura tan diferente, pero Oscar le expuso sus argumentos: conocer una cultura diferente será maravilloso para toda la familia y, económica y profesionalmente, la oportunidad era demasiado buena como para ignorarla. La fábrica había crecido rápidamente, pero en los últimos meses estaba teniendo serios problemas de calidad y coste. Como consecuencia de esas deficiencias, el director de la fábrica, un chino de muy buena reputación, había tenido que marcharse. El nuevo jefe de Oscar, jefe de fabricación de la región de Asia-Pacífico y experto en la cultura china, le había dejado claro durante las entrevistas y en las conversaciones que habían mantenido después de su contratación que su función era «hacer todo lo necesario para arreglar los problemas de la fábrica».

Oscar se trasladó a China ocho meses antes que Jennifer y sus hijos, alojándose en un apartamento cerca de la fábrica. Al estar lejos de la familia tuvo tiempo para profundizar en los problemas de la fábrica. Leyó todos los informes que había sobre su rendimiento y pasó mucho tiempo en ella estudiando las operaciones. También cuestionó enérgicamente al equipo directivo sobre los problemas y sus causas fundamentales. Estaba seguro de saber qué tenía que hacer para cambiar las cosas y de poder arreglar los problemas en poco tiempo.

En su tiempo libre se dedicaba a buscar casa para él y su familia. Al principio, Oscar y Jennifer habían decidido que, si se comprometían a vivir y trabajar en China, querían sumergirse del todo en esa cultura y, por eso, acordaron evitar la comunidad en la que el servicio de reubicación de Genera normalmente instalaba a sus trabajadores extranjeros. Optaron por instalarse en el barrio donde vivían los directivos chinos. Mientras Oscar ultimaba los detalles del traslado a su nuevo hogar en China, Jennifer lidiaba con una logística similar en Nueva York: vender el apartamento y empaquetar y enviar todas sus pertenencias a Pequín.

Las semanas iban pasando, y Oscar cada vez tenía más asuntos que tratar en el trabajo. Todos los miembros de su nuevo equipo eran chinos que apenas chapurreaban el inglés. Estaban acostumbrados a que su jefe les dijera lo que tenían que hacer, y a Oscar le resultaba difícil dialogar con ellos sobre ese tema. Por supuesto, eso iba en contra del estilo de trabajo que Oscar prefería, el cual enfatizaba la participación y la autonomía. Pero también sabía que utilizar un estilo directivo de liderazgo en línea con las expectativas de su equipo tenía sus ventajas, porque la transformación de la fábrica requería dar órdenes claras desde arriba.

Entonces, Oscar decidió tomar la iniciativa. Según el análisis que había hecho de la fábrica y sus problemas, elaboró un plan para la transformación que incluía cerrar una línea de producción, racionalizar dos grupos de apoyo y despedir a casi el 5 % de la plantilla. En particular, concluyó que parte del problema del rendimiento mediocre de la planta se debía al trabajo ineficiente de varios trabajadores; los cuales, al final, tuvieron que ser sustituidos. Presentó los elementos principales de su plan de transformación al equipo directivo, esperando que la gente estuviera de acuerdo. Sin embargo, acabó la reunión con la sensación de haber entrado en un terreno pantanoso. El equipo le escuchó atentamente, pero no dijeron ni hicieron nada. Los miembros de recursos humanos le dijeron que el equipo directivo percibía ese plan «digno de estudio, pero muy americano». También se quedó sorprendido cuando, unos días después de haber presentado su plan, recibió una llamada inesperada de su nuevo jefe preguntándole si todo iba por el buen camino.

Casi al mismo tiempo, su mujer y sus hijos llegaron a Pequín. Ahora, Oscar intentaba compaginar su trabajo y sus frustraciones

—por el ritmo lento de los cambios en la planta— con las dificultades que suponía el traslado de toda la familia a una cultura totalmente nueva. Entre sus nuevos vecinos, muy pocos hablaban inglés con fluidez. A Jennifer le costaba encontrar guarderías en las que los cuidadores hablaran inglés. Eso hizo que tuviera que quedarse sola en casa con los niños, mientras intentaba instalarse y averiguar lo básico para vivir en China, incluyendo el tener que hacer frente a unos niveles altísimos de contaminación.

Jennifer se sentía sola y echaba de menos a sus amigos y a su familia de Nueva York, y cada vez estaba más deprimida. Un día, pasados seis meses desde que su familia había llegado al país, Oscar llegó a casa y encontró a su mujer totalmente hundida. Llorando le dijo: «Seis meses atrás estaba diciendo a altos directivos qué tenían que hacer. Ahora, la decisión más importante que tengo que tomar es ¡si hornear una o dos bandejas de galletas!».

El reto del traslado internacional

Debido a que cada vez son más las empresas que quieren globalizarse, hay también más ejecutivos que abandonan la comodidad de sus costumbres y sus culturas natales para buscar oportunidades de liderazgo en otras partes del mundo. Hay mucho en juego porque cada vez son más las compañías que luchan en los mercados domésticos y confían en la expansión internacional para su crecimiento rentable. Intentan crear una base sólida de directivos locales en los países estratégicamente importantes, pero también necesitan a líderes internacionales que gestionen el conjunto de la empresa. Son pocos los directivos que están dispuestos a cambiar de mercado y cultura. Aparte de las cuestiones habituales de acelerar la transición y de generar impulso para el cambio en un lugar nuevo, los directivos que aceptan un traslado internacional se enfrentan a un par de problemas añadidos: ayudar a sus familias a adaptarse a un lugar nuevo y quizás exótico, y comunicarse eficazmente con sus compañeros y sus subordinados, cuya cultura es diferente.

Quizás la parte más difícil de hacer un traslado sea la de gestionar las expectativas de tus jefes, tus subordinados y tu familia, y —no menos importante— las tuyas propias. Cuando haces un traslado internacional se pone en marcha una dinámica psicológica inevitable. Es como el «viaje de un aventurero», que generalmente empieza con gran emoción y ansiedad por el cambio, pero también con algo de resentimiento por dejar atrás a tu familia y tus rutinas. Unos meses después del traslado, y cuando se hace realidad la vida en el nuevo lugar, viene un periodo de gran melancolía. Es en ese momento cuando resulta más importante reconocer que prácticamente todos los directivos que se han trasladado a otro país experimentan esas «noches oscuras» y que prácticamente todos salen victoriosos de la experiencia una vez que han desarrollado relaciones, rutinas y competencias nuevas.

El caso de Oscar revela que un líder que no tiene experiencia en hacer traslados profesionales cae en la trampa de provocar un gran estrés en su familia, llegando a socavar así su habilidad de crear valor, perjudicando a su empresa e incluso descarrilando profesionalmente. Gracias a los estudios que he realizado sobre los traslados internacionales —como el de Oscar—, he identificado seis principios fundamentales que marcan la diferencia entre una transición exitosa y una infructuosa:

1. Instala primero a tu familia.

2. Aprovecha al máximo los primeros días.

3. Asegúrate de cumplir las normas.

4. Crea a tu equipo haciendo crecer a la empresa.

5. Recorta las prioridades estratégicas.

6. No te comportes como un turista.

Instala primero a tu familia

No serás efectivo en tu nuevo trabajo si tu familia está pasándolo mal. Antes de tomar una decisión sobre aceptar o no el traslado, habla con tu pareja. Pensad en todo lo que un traslado implica: la magnitud del cambio cultural, la distancia del «hogar», las condiciones de vida que tendréis y, si se requiere, el tipo de colegio al que irán vuestros hijos. Y, en el caso de que sea tu primer traslado profesional, tendréis que limitar la intensidad general del cambio. Para Oscar y Jennifer, trasladarse a China suponía un cambio radical de muchas dimensiones. A primera vista, la reacción de Jennifer fue razonable, teniendo en cuenta que no habían tenido el tiempo suficiente para analizar las implicaciones del cambio.

Si después de considerar la posibilidad del traslado y analizar esas dimensiones decides aceptarlo, tendrás que intentar reducir el impacto que causará en tu familia para que el traslado sea exitoso para todos. Si tienes hijos, intenta hacer el traslado durante un periodo de vacaciones escolares. Pide a alguien que ayude a tu pareja mientras estés lejos de la familia. Ese tiempo intermedio puede ser muy estresante para todos; especialmente para tu pareja, que tendrá que organizar cantidad de cosas mientras tú te marchas para incorporarte a un nuevo trabajo emocionante. Recuerda que no es divertido quedarse en casa mientras el «héroe» se marcha a emprender una aventura.

Tendrás que ocuparte cuanto antes de crear una red de apoyo familiar. Si es posible, identifica los recursos —redes de apoyo a los cónyuges— que hay en tu nuevo lugar de residencia *antes de hacer el traslado.* Intenta establecer algunas relaciones nada más llegar para que, cuando tu familia vaya al país, conozca a alguien. Por ejemplo, si tienes hijos, contacta con otras personas de tu país que se hayan instalado en esa ciudad y tengan hijos de edades similares o que vayan al mismo colegio. Intenta también mantener el contacto con tus amigos y tus familiares de tu país, mantenles informados, invítales a que os visiten, incluso crea una página web en la que cuentes las aventuras de tu familia en vuestro nuevo hogar.

Oscar y Jennifer agravaron sus problemas al no querer vivir con otros «extranjeros» en una comunidad que probablemente habría satisfecho sus necesidades. La decisión de vivir «con los locales» es muy loable, pero desaconsejable cuando el cambio de cultura es importante y cuando es la primera vez que te trasladas. Un factor clave para hacer una transición fluida es mantener al máximo todo lo familiar. No guardes todas tus cosas en el trastero; si puedes reproducir la decoración de tus habitaciones en tu nueva casa —cuadros familiares, piezas de mobiliario y otros elementos de las habitaciones y de la cocina—, tu familia tendrá una mayor sensación de control.

Por último, piensa que siempre habrá momentos difíciles. Adaptaros al nuevo país y sentiros cómodos en él os puede llevar un año, o quizás más. Pero al final lo conseguiréis. Y, cuando tengáis dudas, organizad una visita a vuestro lugar de origen. Un billete de avión sale mucho menos caro que poner fin prematuramente a un nuevo trabajo en un país extranjero.

Aprovecha al máximo los primeros días

Un actor sube al escenario y se sitúa. Incluso antes de decir nada, la audiencia ya ha sacado algunas conclusiones sobre lo que va a hacer o decir. Lo mismo le ocurre al directivo que llega a su oficina el primer día, la primera semana o el primer mes después de un traslado. Es fácil dar la impresión de que te han manando al extranjero por ser el héroe conquistador que va a solucionar todos los problemas —sobre todo si te han mandado para transformar la empresa, como en el caso de Oscar Barrow—.

No hace falta recalcar que tu actitud cuando llegues al nuevo trabajo es sumamente importante. ¿Anima tu actitud a la gente a compartir información contigo o les coarta? ¿Ayuda tu actitud a reforzar, o a socavar, tu credibilidad personal? Tus primeras acciones sentarán las bases, positivas o negativas, de cómo se interpretarán tus movimientos siguientes.

Los nuevos líderes tienen una tendencia natural a concentrarse primero en los problemas, a arreglar lo que no funciona. Ese enfoque, en el caso de un traslado profesional, es totalmente equivocado, porque corres el riesgo de enviar el mensaje de que crees que «aquí no se hace nada bien» a personas que, seguramente, ya tienen una mentalidad defensiva por la llegada de un extraño y, si refuerzas un poco ese mensaje, la gente no tardará en formarse una «impresión negativa de su jefe». Es probable que esta dinámica se dé en todas las transiciones, pero cuando se trata de un traslado profesional las posibilidades de que ello cause problemas son mayores por la ansiedad que le genera al líder trabajar en un país nuevo, especialmente por su deseo de demostrar que puede agregar valor. Por muy malo que sea un entorno empresarial, siempre podrás resaltar algo bueno para levantar el ánimo de tu equipo y motivarlos para tratar los problemas reales.

Para evitar caer en esa dinámica desmoralizante, empieza haciendo preguntas, en lugar de afirmaciones, aunque estés seguro de saber cuáles son los principales problemas. Deja que los miembros de la organización aprueben —o desaprueben— tus teorías. Antes de instalarte en tu nueva oficina, ve a hablar con los trabajadores de primera línea, estén donde estén. Habla con los vendedores y con otras personas en su propio espacio, y escúchales atentamente. Si haces eso desde el primer día, la gente se enterará y confiará más en ti viendo que eres un líder cercano. Una nota escrita nunca debería sustituir a una conversación.

Mientras estás planificando tu llegada, evalúa los estereotipos que puedas tener según tu cultura o tu relación con la empresa. Si la gente que llega de la oficina central da una sensación de estar «demasiado desconectada» de lo que supone trabajar en un país en vías de desarrollo, o es demasiado arrogante en sus recetas a larga distancia de qué deberían hacer las operaciones internacionales, tendrás que contrarrestar esa percepción. Podrías jugar en contra de esos estereotipos, utilizando el lenguaje local, por ejemplo, o demostrando en las reuniones y en las comunicaciones que te has preocupado por conocer la historia y los puntos fuertes de la organización. Con esos pequeños gestos convencerás a la gente de que estás ahí para trabajar *con* ellos y no simplemente para identificar sus debilidades y buscar soluciones rápidas. Y también cambiarás la impresión que la gente tenga de ti y de tu estilo de liderazgo, además de la del centro corporativo.

Por último, tómate tu tiempo a escribir el plan para de tu ingreso en la compañía (para ello, utiliza el cuadro «Preparar la entrada en un nuevo país»). Compártelo con tus nuevos subordinados, con las personas de recursos humanos y con tu nuevo jefe, para que sepan de dónde vienes y cómo pretendes liderar el cambio en la organización. Haciéndolo facilitas que esos grupos críticos te apoyen y aceleras enormemente tu habilidad para aprender sobre la situación e identificar qué cambios son necesarios. Además, ese compromiso por escrito servirá para guiar a tu gente cuando aparezcan problemas o contratiempos. Llámalo «el poder del papel».

Prepara tu llegada a un país nuevo

Antes de llegar

- *Lee las perspectivas internas y externas* sobre el mercado y los consumidores. No te convertirás en un experto, pero no importa. Lo que pretendes es simplemente conocerlas.

- *Identifica a los consultores locales* que puedan informarte sobre el estado del mercado y del entorno competitivo.

- *Aprende su idioma* —no es una cuestión de fluidez, sino de respeto—.

- *Desarrolla algunas hipótesis* sobre la situación de la empresa en la que vas a trabajar.

  - Utiliza el modelo STARS para hablar sobre la situación con tu nuevo jefe y con las demás personas interesadas.

  - Evalúa al equipo de liderazgo —¿funciona bien, se coordinan bien las personas nuevas con las veteranas, locales y extranjeras, tienen talento?—.

  - Evalúa a la organización globalmente utilizando la información disponible sobre el rendimiento corporativo y la reserva de talento.

  - Si es posible, habla con algunos miembros del equipo para recoger ideas y calibrarlas con algunas de tus hipótesis iniciales.

Después de llegar

Tu primer día, tu primera semana y tu primer mes son fundamentales. Sin el siguiente plan de seguimiento de cuatro fases corres el riesgo de dedicarte a apagar fuegos, en lugar de a liderar activamente un cambio.

- Haz un *diagnóstico* de la situación e implica al equipo directivo en algunas prioridades iniciales.

- *Determina* la dirección estratégica y haz que la organización se comprometa con ella.

- *Repara* los procesos críticos y lucha por la consistencia en su ejecución.

- *Fomenta* el talento de los líderes locales para tu futura salida.

Asegúrate de cumplir las normas

Las normas comerciales y las «reglas de juego» varían en función de cada país, por lo que resulta esencial que los directivos que se trasladan las tengan en cuenta, las identifiquen y las cumplan. Especialmente importante es para los líderes responsables de las ventas y las operaciones. En esas áreas, los factores de riesgo incluyen las prácticas de negociaciones dudosas —en las ventas—, el control de calidad ineficiente o las materias primas contaminantes —en las operaciones—. Son fallos que podrían retrasar meses tu transición porque, en lugar de estar centrado en el crecimiento, acabarás jugando a defenderte.

Por el mero hecho de haber comunicado tus normas, a través de vídeos formativos o de talleres de trabajo, no des por sentado que todos las van a cumplir automáticamente. Las perspectivas locales sobre lo que es apropiado para la empresa —y lo que no— no necesariamente coincidirán con las tuyas o con las de la sede central. Puede ocurrir que algunos comportamientos considerados como ilegales por la Ley de prácticas corruptas en el extranjero sean habituales, aunque cuestionables, en tu nuevo entorno. Es posible que las auditorías locales y otros sistemas de cumplimiento no te protejan del todo.

Para evitar los incumplimientos, *tendrás que asumir la función extraoficial de director de cumplimiento*. Tú y los demás miembros del equipo directivo deberíais hacer preguntas a los trabajadores de primera línea sobre las operaciones («¿Cómo exactamente convencéis a un cliente o a un distribuidor para que actúe de una forma determinada?» o «¿Cómo exactamente habéis conseguido alcanzar vuestro objetivo de ventas cada mes durante los últimos tres trimestres?»), y deberíais insistir hasta estar seguros de que la empresa se está gestionando de la manera que vosotros habéis definido. Si algo parece demasiado perfecto para que sea verdad, es muy probable que no sea cierto.

Cuando asumas una nueva función en un país nuevo, tendrás que reconocer que dedicar una cantidad adecuada de atención personal al cumplimiento es fundamental para construir una cultura de buenas decisiones y que todas las iniciativas en este sentido tienen que partir desde arriba. La gente tiene que saber que tú y tu equipo confiáis en determinadas normas de calidad y ética, y que las respetáis de una manera visible. Desde el primer día deberías hablar abiertamente en tus reuniones con los principales interesados de la compañía sobre la importancia de cumplir las normas sociales, éticas y corporativas, y seguir haciéndolo durante un tiempo. Deberías marcarte el objetivo de trabajar individualmente con tus subordinados para enseñarles a plantear las preguntas adecuadas a aquellos que velan por el cumplimiento de las normas en los equipos y en las diferentes unidades de trabajo. También tendrás que crear unos mecanismos para que la gente de la empresa pueda informar sobre los problemas o formular preguntas de una forma segura —que podría ser anónimamente—.

En caso de que se presente una situación poco ética —y ello sucederá antes de lo que piensas— tendrás que ser decisivo y consecuente. Tu mantra debería ser «tolerancia cero».

Si al principio empiezas a hacer concesiones, enseguida te encontrarás en un terreno pantanoso. A Oscar, por ejemplo, las autoridades locales chinas le pidieron al principio de su mandato que aprobara una solicitud de visado para un grupo de políticos que estaban planeando viajar a Estados Unidos. Creyendo que reforzaría las relaciones si lo conseguía, Oscar firmó sin saber que algunos de esos políticos estaban relacionados con temas de corrupción o que el viaje debería haber sido vetado por la sede central de la compañía. Su consentimiento tuvo consecuencias muy negativas. En primer lugar, fue visto por los funcionarios locales como alguien que podía «cooperar», quizás abriéndose a sí mismo y a su organización a una avalancha de solicitudes. En segundo lugar, y potencialmente más perjudicial, es que Oscar perdió la credibilidad entre los suyos; muchos creyeron que lo que su nuevo líder había expuesto sobre el cumplimiento de las normas no era más que mera palabrería. Enseguida reconoció su error, y la delegación resultó ser realmente inocua. Después de ese incidente, Oscar se volvió mucho más prudente, buscando siempre el consejo de gente local en quien pudiera confiar para que le ayudaran a cumplir los requerimientos.

Tras identificar los problemas, deberás pasar inmediatamente a la acción. Por ejemplo, a Oscar le impresionó que el jefe de la empresa en China —a quien él reportaba— despidiera a uno de los mejores comerciales por una conducta no ética justo dos semanas después de enterarse del problema. Siempre tendrán excusas: «Nuestros rivales hacen exactamente lo mismo; si no, ¿cómo vamos a mantener el ritmo?», o «Si no, no habrían cuadrado las cuentas». Pero en este tema no se puede ser flexible. Además, si compartes la información sobre las fechorías y sus consecuencias, estás enviando un claro mensaje de que quieres hacer las cosas como es debido.

Desarrolla tu equipo desarrollando la empresa

El primer instinto de Oscar, cuando se trasladó a China, fue concentrarse en evaluar al equipo que había y en decidir quién debía quedarse y quién debía irse. Un planteamiento perfectamente razonable si tenemos en cuenta que los beneficios y la conveniencia de tener un equipo de gente competente en la que apoyarse son indiscutibles.

Pero, en el caso de los ejecutivos que se trasladan, el tema del desarrollo de sus equipos deberían enfocarlo de una manera diferente a la habitual por dos razones. La primera, porque normalmente tardan más tiempo en saber quién es realmente bueno y quién no. Recuerda que el comportamiento de los empleados se va modelando a partir de una serie de factores locales que el nuevo líder tardará un tiempo en reconocer. Algunos de esos factores son las dinámicas del mercado doméstico, los líderes anteriores y las normas culturales de la empresa y el país. Y, por eso, seis meses después de haberse incorporado, Oscar estaba encantado de no haber reaccionado ante las evaluaciones negativas que, nada más llegar, había hecho de dos empleados clave. Ambos demostraron ser líderes altamente competentes, aunque durante los primeros días de que Oscar ocupara su puesto —mientras tanteaban al nuevo jefe— habían estado bastante pasivos, antes de compartir sus ideas y entregarse al máximo.

La segunda, porque en algunos mercados internacionales en los que las infraestructuras institucionales son todavía débiles, resulta más difícil encontrar sustitutos adecuados para puestos de gran responsabilidad. Por lo tanto, en lugar de utilizar como punto de partida las evaluaciones agresivas, es mejor que adoptes un enfoque más mesurado y que te plantees si —teniendo en cuenta el coste y el tiempo que supone buscar sustitutos— te conviene más purgar, potenciar o simplemente mantener al talento que ya tienes. La excepción obvia a este planteamiento es si un miembro del equipo actúa de manera poco ética o rechaza seguir la nueva dirección hacia la que quieres dirigir al equipo.

Los líderes que se están adaptando a contextos culturales y organizacionales totalmente diferentes a los que están acostumbrados son especialmente vulnerables durante sus primeros días y meses. En algunos casos, debido a sus propias inseguridades, los ejecutivos que se trasladan a otro país son innecesariamente estrictos con los defectos que ven en los miembros de su equipo. Oscar estuvo a punto de caer en esa trampa. Para justificar su presencia o para demostrar a sus superiores que son serios y competentes entran en la dinámica de buscar problemas. Es algo que hacen más para proteger su ego que para hacer un diagnóstico de la situación.

Pero, aunque sus intenciones sean buenas, al concentrarse exclusivamente en sus primeras evaluaciones están creando un ambiente defensivo en el que los miembros del equipo se volverán unos contra otros para permanecer en su territorio. Esta mentalidad repercute en toda la organización: se formarán alianzas, y la gente pasa más tiempo intentando transmitir sus decisiones personales que gestionando la empresa, reduciendo así las posibilidades de que avances en tu nueva función.

La mejor forma de desarrollar un equipo es haciendo que todos los miembros se concentren en una *serie de objetivos a corto plazo* destinados a desarrollar la empresa. Este planteamiento, además de ofrecer al grupo un punto de convergencia, también da al líder un *feedback* muy valioso sobre los miembros del equipo, ya que su modo de responder a ese enfoque directivo dice mucho sobre sus capacidades. De todos modos, procura no crearte demasiadas expectativas. Lo más probable es que tengas que hacer cambios en el grupo, así que no fomentes la creación de vínculos estrechos entre los distintos miembros hasta que estés seguro de tener al equipo adecuado. A partir de ese momento, todo lo que hagas por desarrollar al equipo tendrá mucho más sentido y estará alentado por las victorias tempranas del mismo.

Recorta las prioridades estratégicas

Cuando un líder se traslada por primera vez suele sorprenderse al ver que tiene muy poca información sobre la que basar sus juicios críticos acerca del rendimiento y la gestión de la empresa. En muchas ocasiones, esos ejecutivos, acostumbrados a confiar en datos sólidos sobre el mercado y las operaciones, están abrumados por las dinámicas complejas y desconocidas de una empresa nueva en un mercado nuevo y entran en un estado de «congelación en el extranjero». Se obsesionan con sacar conclusiones de una información que no tienen o con crear unos sistemas de información totalmente nuevos, en lugar de concentrarse en la información que está a su disposición y en lo que esta sugiere acerca de las prioridades estratégicas.

Los líderes en transición han de saber que las operaciones en los países en vías de desarrollo —dirigidas por compañías que tienen su base en países desarrollados— pueden estar muy fragmentadas y que les puede costar conseguir información fiable sobre las operaciones y los mercados. Normalmente, estas empresas se crean a partir de una serie de adquisiciones que son asimiladas, pero no integradas totalmente, por lo que les cuesta cumplir con las prioridades competitivas. Afortunadamente, Oscar no tuvo que enfrentarse a tal problema, pero es bastante normal que por esas empresas pasen diferentes líderes en un periodo corto de tiempo; especialmente, si la operación se utiliza como campo de entrenamiento para los directivos de alto potencial de la empresa matriz. Y más importante aún es que los parámetros que se utilizan para medir el rendimiento o no existen o no son sólidos.

Pero, en lugar de congelar tu atención en la información que no existe, determina la dirección y las prioridades a partir de la información que tienes, recortando razonablemente tus prioridades estratégicas y elaborando planes para trabajar en ellas, y especifica los métodos que utilizarás para destapar la información oculta. Es mejor desarrollar una dirección razonable que no tener ninguna dirección.

Si no cuentas con una base de datos habitual, esta tarea te resultará difícil, pero no imposible. Para ello tendrás que prestar atención a cuatro factores fundamentales. Primero, aprovecha al máximo la información de alto nivel que tienes: ¿Qué dicen los números sobre tu empresa? ¿Qué partes de la organización funcionan bien y cuáles no? ¿Qué productos y servicios son rentables y cuáles no? A lo mejor, la inteligencia competitiva también es limitada, pero deberías utilizarla para descubrir quién está ganando en tu mercado o en los mercados adyacentes, quién está perdiendo y qué modelos empresariales y qué practicas vale la pena imitar.

Segundo, desarrolla algunas hipótesis sobre los impulsores claves de tu empresa. En particular, identifica la *base actual* —los negocios más rentables en ese momento— y el *potencial futuro* —los negocios que prometen contribuir más en el futuro—. Utilizando esa información podrás elaborar un plan estratégico orientado a asegurar la base actual, a aprovechar las oportunidades de gran potencial y, quizás lo más importante, a poner fin a esas actividades empresariales que no están dentro de ninguna de ambas categorías.

Tercero, basándote en las primeras conclusiones sobre las prioridades estratégicas, identifica las maneras de conseguir algunas victorias tempranas y de generar impulso. Entre otras, estaría la de dedicar una cantidad importante de recursos a una serie de iniciativas con una gran repercusión. Por ejemplo, Oscar podría haberse centrado en averiguar cómo hacer algunas mejoras rápidas en la calidad, o podría haber cerrado las actividades infructuosas o los modelos insostenibles.

Por último, utiliza la información que recojas durante ese proceso de recortar y planificar las prioridades para esbozar un primer plan de trabajo. Ese plan de trabajo te dará un enfoque, te ayudará a reconocer cuál es la manera más eficiente de distribuir los recursos y el talento, y cuáles son las principales áreas de necesidad; como, por ejemplo, en qué área es importante resolver las lagunas de conocimientos —es en esta etapa cuando más sentido tiene que pienses si has de crear nuevos sistemas de información y cómo los has de crear—. Conforme vayas ganando impulso con tu trabajo de recortar prioridades, tendrás que continuar agresivamente con un proceso de planificación estratégica general basado en los datos obtenidos. Pero esas acciones iniciales son fundamentales para crear y comunicar una visión a largo plazo que apoye toda la organización.

No te comportes como un turista

Aunque tú creas que eres un ejecutivo que se enfrenta a un nuevo y atractivo reto profesional, para los trabajadores que llevan tiempo en la empresa, no eres más que un recién llegado al que le falta mucho tiempo para que pueda incluir en su currículum la frase «experiencia internacional». Y los empleados saben que lo que más le preocupa al nuevo líder como turista es que no pase nada malo, y por eso se convierten en expertos en decirle al jefe aquello que quiere escuchar. Se limitan a pasar desapercibidos y buscan la manera de retrasar y posponer las acciones difíciles sabiendo que hay bastantes posibilidades de que ese líder también acabe marchándose.

De hecho, algunos líderes se comportan como si fueran turistas limitándose a aprender lo básico de la organización, pero sin sumergirse en la cultura corporativa y nacional dejando de captar señales muy valiosas sobre los empleados, clientes y consumidores. Craso error. La toma de decisiones efectiva que hacen los altos directivos y la colaboración productiva de toda la organización dependen, en gran medida, de la habilidad del líder para analizar y adaptarse al entorno.

Eso no quiere decir que has de asimilarlo a costa de aquello que te hizo ser un líder efectivo en otros contextos. Tendrás que alcanzar el equilibrio adecuado entre tu propia transculturación y el cambio de los comportamientos de tus subordinados que les impiden alcanzar un alto rendimiento. Es fácil que la gente utilice las «diferencias culturales» como pretexto para la pasividad o el bajo rendimiento.

También tienes que tener en cuenta que comprender una cultura es mucho más que saber si se saluda con un beso, haciendo una reverencia o dando la mano.[1] Las diferencias superficiales de las costumbres son importantes, claro que sí, pero lo que de verdad importa es que conozcas los criterios más profundos que sustentan cada organización y cada sociedad; por ejemplo, quién está legitimado para ejercer el poder o qué grupos o actividades generan más valor. Esa información te ayudará a confeccionar tu estilo de liderazgo, pero además es esencial para tomar buenas decisiones sobre cómo crear las marcas o cómo posicionar los productos o servicios.

Así pues, ¿cómo podrías acelerar tu habilidad para conocer una nueva cultura y desenvolverte en ella? Aparte del valor evidente que tiene el leer cosas sobre una cultura, vale la pena que aprendas el idioma local porque —además de diferenciarte de los «turistas»— obtendrás mucha información inesperada, ya que la estructura de los idiomas es un reflejo de las culturas en las que se han desarrollado.

Además, asegúrate de identificar a algunos «intérpretes culturales», tanto dentro como fuera de la compañía. Los *intérpretes* son aquellas personas que conocen tu cultura y la local, y podrán ayudarte a tender puentes entre los dos mundos. Lo ideal es que encuentres por lo menos a dos: un «forastero» que tenga mucha experiencia trabajando en la cultura del país al que te has mudado, y un nativo que tenga mucha experiencia trabajando con forasteros. Ambos te ayudarán a traducir tu intención de una forma adecuada al contexto.

Cuando llevaba un mes en su nuevo empleo, Oscar Barrow aprendió una valiosa lección sobre los peligros de la gestión intercultural cuando decidió reorganizar el excelente trabajo que un analista de planta había hecho creando un modelo para predecir la producción. Oscar insistió en elogiar su contribución en una reunión con todos los supervisores de planta. La reacción le sorprendió. Todos miraron hacia abajo mientras el analista se revolvía incómodamente en su asiento. Fue al cabo de un tiempo, en una conversación con el jefe de recursos humanos, cuando Oscar se dio cuenta de que ese tipo de reconocimientos en público del trabajo de una persona van en contra de la cultura tradicional china, la cual da más importancia a los logros colectivos que a los individuales.

La intención de Oscar era buena, quiso reconocer el buen hacer de una persona para que sirviera de ejemplo al resto de los empleados. Pero esa forma de hacerlo no era la apropiada en esa cultura. Podría haberlo planteado de una forma diferente. Quizás debería haber elogiado y agradecido en privado el trabajo de cada analista y, después de reconocer el trabajo de todo el equipo en un foro público, hacer un pequeño agradecimiento a ese analista por su buen liderazgo del grupo.

Un traslado profesional es una de las transiciones más emocionantes para los líderes. Es cierto que los retos personales y organizacionales son muchos, pero con una correcta disposición, planificación y ejecución, esas asignaciones potenciarán enormemente sus capacidades.

Lista de verificación: el traslado profesional

1. ¿Cuáles son las dimensiones principales del cambio para tu familia? ¿Están todos preparados para la magnitud del cambio?

2. ¿Qué acelerará el proceso de instalación de la familia en el nuevo país? ¿Cómo planificarás el traslado para que el cambio sea menos disruptivo? ¿Hay alguna manera de crear una nueva red de apoyo antes de trasladarte? ¿Qué puedes hacer para conservar lo que es tuyo?

3. ¿Cómo planificarás el proceso de tu incorporación? ¿Qué elementos tendrás que incluir en tu plan de llegada? ¿Cómo te presentarás a la organización? ¿Cómo pasarás la primera semana?

4. ¿Cómo identificarás cuanto antes los posibles problemas relacionados con el cumplimiento de las normas? ¿Hay algún asesor en quien puedas confiar *antes* de trasladarte?

5. ¿Cómo plantearás el proceso de evaluar al equipo y la empresa? ¿Utilizarás un proceso de diagnóstico compartido para acelerar la evaluación de tu equipo?

6. ¿Estás preparado para comprometerte en tu nueva función con el mínimo periodo de tiempo? Si es así, ¿tendría sentido comunicar ese compromiso a tu equipo y a tu organización?

CAPÍTULO 6

El reto de la transformación

«Entra y arregla esta situación», le dijeron a Debra Silverman. «Entonces entenderás hacia dónde deberíamos llevar la empresa». Como directora general recién nombrada de la unidad de negocio FemHealth de Inova Med, Debra sabía que su función iba a ser difícil. Fem Health se había puesto en marcha tres años antes, pero no tenía demasiado éxito con sus clientes médicos ni podía justificar la gran inversión que la empresa matriz había hecho, y las pérdidas era cada vez mayores. Debido a ello, el predecesor de Debra, que fue el impulsor de la creación de Fem Health, había tenido que dimitir. Ahora era Debra quien tenía que poner las cosas en orden.

Inova Med es una empresa de Ohio que desarrolla y fabrica aparatos médicos, y está organizada en tres divisiones: cardiología, ortopedia y cirugía. Esta última división desarrolla instrumental y equipamiento para las cirugías más comunes, como son los bisturíes, separadores, etc. La división de cirugía es líder en su campo y está muy bien posicionada en el mercado en la mayoría de las categorías de productos. También era competitiva en mercados relativamente maduros, y los líderes de la división seguían explorando intensamente posibles áreas de crecimiento.

El predecesor de Debra había presentado una idea atractiva para una nueva unidad de negocio, la cual formaría parte de la división de cirugía y tendría como objetivo respaldar los tratamientos en los consultorios sanitarios específicos para mujeres. El mercado crecía rápidamente porque había aumentado en todo el mundo la población de mujeres de entre 45 y 55 años. Los avances tecnológicos habían desarrollado una serie de métodos mínimamente invasivos y unas técnicas de atención sanitaria que eliminaban la necesidad de largas estancias en el hospital y, por consiguiente, los costes de hospitalización. Debido a ello el número de instalaciones sanitarias dedicadas a la atención ambulatoria de mujeres había crecido tanto en Estados Unidos como en algunos países europeos.

Según el estudio que había hecho el predecesor de Debra, la división FemHealth proveería material quirúrgico y otros productos necesarios para el tratamiento en los consultorios sanitarios específicos para mujeres, y se concentraría principalmente en cinco categorías de enfermedades que incluían la fertilidad, el dolor pélvico y la incontinencia. Puesto que esas enfermedades eran tratadas comúnmente por obstetras y ginecólogos, FemHealth comercializaría esos productos a esos mismos clientes, consiguiendo así sinergias entre el marketing, las ventas y la distribución de los productos. El plan empresarial también pretendía una circulación de los productos entre Estados Unidos y la Unión Europea. En Estados Unidos, por ejemplo, ya había un mercado fuerte para los instrumentos que se utilizan en el tratamiento menos invasivo del sangrado uterino anormal, pero en Europa no era tan fuerte. En cambio, en Europa había más demanda que en Estados Unidos de los instrumentos que se utilizan para tratar la incontinencia urinaria. Fem Health pretendía aprovechar su éxito para aumentar la demanda de tecnologías y productos en otros lugares.

Los productos y las tecnologías que se utilizaban para tratar las enfermedades en las que FemHealth quería focalizarse surgían de la sede central de InovaMed. Por eso, la empresa matriz tuvo que realizar una serie de adquisiciones y contratos de licencia para desarrollar las operaciones de FemHealth y sus posibilidades de investigación y desarrollo. La división quirúrgica sería la responsable de dirigir estas dos funciones, así el predecesor de Debra podía concentrarse en el marketing y las ventas. El equipo directivo también había decidido que las funciones de apoyo más importantes de FemHealth, incluidas las finanzas, los recursos humanos, la tecnología de la información y los asuntos regulatorios, se realizarían mediante una serie de acuerdos de servicios compartidos. El resultado de todo ella era que el director general de FemHealth tendría solamente a cinco subordinados: dos directores de marketing, uno de ventas, uno externo de recursos humanos y una persona dedicada a crear las actividades a través de las cuales InovaMed comercializaría sus productos en Estados Unidos y en la Unión Europea.

Ahora, tres años después, la empresa tenía serios problemas. Ninguno de los últimos cuatro trimestres había conseguido los objetivos de ingresos previstos; en parte porque las previsiones que habían hecho no eran las correctas y, además, habían surgido presiones competitivas inesperadas en las cinco categorías en las que FemHealth estaba focalizada. Para contrarrestar ese fracaso, la compañía lanzó varias iniciativas de desarrollo de nuevos productos, pero la mayoría de ellas se habían implementado tarde y por encima del precio presupuestado. FemHealth también se había visto afectada por la retirada de un instrumento para tratar el sangrado uterino anormal, lo que había dado lugar a una valoración desfavorable por parte de los legisladores y de la prensa. Además, seguía intentando a toda costa hacer que funcionara la estrategia de la circulación cruzada de productos, pero la aprobación legal de los productos europeos en Estados Unidos llevaba mucho más tiempo de lo previsto. El personal estaba muy desmoralizado.

El nuevo jefe de Debra, William Butler, había concedido a su antecesor más tiempo del habitual para solucionar los problemas. Estaba acostumbrado a trabajar con empresas grandes y prósperas, y sabía que normalmente las *start-ups* necesitaban más tiempo hasta alcanzar una conciencia crítica. Pero, al ver que no se conseguía ningún avance, William no tuvo más remedio que despedir al director general y contratar a un sustituto que pusiera las cosas en orden.

William conocía bien a Debra y sabía que tenía mucha experiencia en liderar empresas con problemas. Debra había empezado su carrera trabajando en investigación y desarrollo en el ámbito de la cirugía, y continuó asumiendo funciones directivas, primero en ventas y después en el marketing. Después de un exitoso y largo periodo como subdirectora de marketing de los instrumentos endoscópicos de InnovaMed, Debra había dado el salto a directora regional —anteriormente había liderado una transformación de tres años de la oficina que tenían en Portugal—. Aunque el reto de liderar FemHealth era más difícil que los anteriores, la promoción le pareció muy interesante, ya que ese era justamente el tipo de «transformación» que le apetecía hacer.

El reto de la transformación

Es imprescindible que los nuevos líderes conozcan el reto del cambio organizacional al que se enfrentan —utilizando el modelo STARS— y que, después, adapten su enfoque personal para que se produzcan los cambios necesarios. En este capítulo y en los dos siguientes veremos qué quiere decir esto: estudiaremos en este capítulo las transformaciones; las reestructuraciones, en el capítulo 7; y una serie de situaciones STARS, en el capítulo 8.

Está claro que Debra Silverman tiene que hacer una transformación en FemHealth. La organización está en crisis y es evidente —por las pérdidas continuadas— que nada de lo que se ha hecho para mejorar ha funcionado. El personal está desmoralizado y ha perdido la confianza en el liderazgo existente. Hay una sensación de urgencia generalizada, por lo que ninguna persona sensata defendería que Debra actuara gradualmente. Todo lo contrario, cuanto antes averigüe lo que está pasando, antes podrá implementar las acciones correctivas.

Cuando se trata de una transformación, la rapidez es esencial, porque una transformación es como el motor de un coche en llamas: lo primero que has de hacer es extinguir el fuego. Después, ya lo llevarás al taller para que saquen el motor y pongan uno nuevo. En el contexto empresarial, tus acciones iniciales como nuevo líder de una transformación también son urgentes: lo primero que has de hacer es intentar estabilizar la empresa, manteniendo su «actividad principal» para que sobreviva. Después, ya podrás dedicarte a analizar la empresa y a sentar las bases para su crecimiento.

El análisis de los sistemas de la empresa

«Primero, estabilizar; después, transformar», este debería ser tu mantra como líder de una transformación. Haz el diagnóstico de la situación cuanto antes, y después define los retos principales del cambio organizacional. Para acelerar el proceso de diagnóstico, intenta analizar la empresa como si fuera un *sistema dinámico* compuesto por unos elementos interdependientes que también se pueden analizar individualmente (ver figura 6.1). En concreto, tendrás que centrar tu atención en estos cuatro componentes importantes del sistema empresarial:[1]

1. El contexto exterior: los retos competitivos y políticos a los que se enfrenta la empresa, así como las expectativas de los principales implicados de fuera de la empresa.

2. El contexto interior: el clima y la cultura organizacional.

3. La estrategia empresarial: la misión, la visión, los objetivos, las métricas y los incentivos que ofrecen a la empresa una dirección general.

4. La estructura de la empresa: el equipo de liderazgo, las habilidades y los procesos centrales que se necesitan para llevar a la práctica una estrategia.

FIGURA 6.1

El modelo del sistema empresarial

Esta gráfica muestra los elementos clave de una unidad de negocio típica. Destaca los componentes específicos que se pueden analizar, así como los vínculos existentes entre ellos. Normalmente, no se puede cambiar un elemento del sistema empresarial sin que ese cambio afecte a los demás elementos.

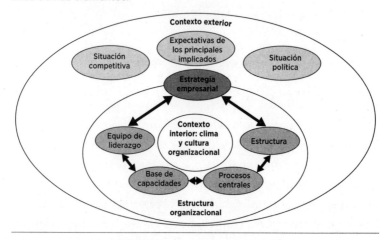

Los dos primeros componentes definen las amenazas y las oportunidades a las que se enfrenta tu empresa; los otros dos son factores que se utilizan para influir en el rendimiento organizacional. Pero estos elementos son interdependientes; así, la estrategia de la empresa conecta a los principales implicados y otras partes externas de la organización. Y la estructura de la empresa, además de apoyar la estrategia, influye en el clima y la cultura organizacional. Analicemos cada uno de esos componentes y cómo Debra aborda el reto de la transformación de FemHealth utilizando la estructura de análisis de los sistemas empresariales.

El contexto exterior

Cuando Debra se hizo cargo de FemHealth, la empresa estaba sometida a fuertes presiones de los competidores en cada una de las cinco categorías de productos médicos por los que la compañía había apostado. También se enfrentaba a una fuerte resistencia política que le impedía conseguir las aprobaciones de las entidades reguladoras que necesitaba para el lanzamiento y la retribución de los productos FemHealth en Estados Unidos y en Europa. Además, el margen de maniobra de Debra estaba sujeto a las expectativas de los principales implicados, incluyendo su jefe y el equipo directivo de InovaMed. En el cuadro «Evaluar el contexto exterior» puedes ver una descripción detallada de la situación de FemHealth basada en el diagnóstico inicial de Debra.

El contexto interior

Ya hemos dicho que el contexto interior incluye el clima y la cultura organizacional. El clima organizacional hace referencia a lo que la gente siente de la empresa y a su relación con ella. La cultura se refiere a cómo la gente se comunica, piensa y actúa, *son patrones arraigados sobre todo en suposiciones, valores y experiencias que han compartido.* Cuando esos patrones son funcionales generan un rendimiento de alto nivel; es decir, la gente consigue sus objetivos y llega más lejos. En cambio, si esos patrones son disfuncionales, hunden la moral y el compromiso de los empleados. Por ejemplo, en FemHealth algunos directivos se quejaban de la falta de responsabilidad en la organización, así como de otros problemas referentes a la gestión de conflictos —a Debra le preocupaban ambos problemas culturales—. En el cuadro «Evaluar el contexto interior» hay una descripción detallada de la situación de FemHealth basada en el diagnóstico inicial de Debra.

Evaluar el contexto exterior

La situación competitiva

¿Cuáles son las principales fuerzas que configuran la situación competitiva?

- El mercado de los tratamientos menos invasivos para los problemas de salud más comunes de las mujeres está creciendo, pero algunos segmentos de la población y algunas zonas son mucho más atractivos que otros.

- Cada una de las cinco categorías de productos médicos tiene unos competidores agresivos diferentes y especializados; la intensidad general de la competencia es cada vez mayor.

- La empresa se creó sobre la suposición de que habría sinergias —clientes, líderes de opinión y tecnologías— entre las diferentes categorías de productos. En realidad, esas sinergias no se han materializado. ¿Existen de verdad?

La situación política

¿Cuáles son las principales fuerzas que configuran la situación política y reguladora?

- El predecesor de Debra y otros miembros del equipo directivo creyeron que sería fácil transferir los productos exitosos de Europa a Estados Unidos, y viceversa, pero tuvieron problemas para obtener el reembolso de tales productos. Los planes de lanzamiento de los nuevos productos de deberían de haber armonizado con sus programas de reembolso y sus inquietudes. Los planes que tenía ese departamento para lanzar productos en Asia debían haber sido revisados teniendo en cuenta las barreras potenciales para desarrollar las estrategias de reembolso y conseguir la aceptación de los pacientes asiáticos.

- Los principales organismos reguladores de Estados Unidos habían perdido la confianza en la empresa por culpa de la reciente retirada de un producto y de un incidente en el que un paciente estuvo a punto de morir durante una demostración que un representante de FemCare estaba realizando.

Las expectativas de los principales interesados

¿Qué espera conseguir el nuevo líder y para cuándo?

- William Butler espera que Debra cambie las cosas: quiere que estabilice la empresa, que consiga un flujo de caja positivo en un plazo de entre seis y nueve meses, y que consiga un crecimiento de dos dígitos en la cifra de negocios dentro de dos años.

- Los líderes del departamento financiero y de recursos humanos esperan que Debra llegue y limpie la casa, incluso que sustituya a la mayoría de sus nuevos subordinados, o a todos.

La estrategia empresarial

Si tú, igual que Debra, eres el responsable de transformar una empresa, tendrás que empezar analizando la estrategia empresarial. A primera vista, el hecho de que se tenga que hacer una transformación corporativa integral es prueba de que la estrategia existente es inadecuada. Sin embargo, pocos temas empresariales son tan complejos como la creación y la ejecución de una estrategia.

Los líderes experimentados conocen intuitivamente la necesidad de diseñar hojas de ruta sólidas y coherentes para sus organizaciones, pero curiosamente pocos saben explicar qué es una estrategia, ni las diferencias entre una buena y una mala. Además, cuando los líderes intentan evaluar las estrategias existentes y desarrollar otras nuevas, suelen quedarse atascados en la semántica: ¿estamos hablando de la misión o de la visión? ¿Deberíamos idear una estrategia para el conjunto de la empresa o para sus funciones específicas, como son el marketing o la investigación y el desarrollo?

Evaluar el contexto interior

El clima organizacional

¿Cuáles son los principales problemas que afectan al clima y al compromiso de los empleados?

- El equipo ha estado inmerso en un círculo vicioso, en el cual se comprometió con un plan, pero no ha conseguido sus objetivos. Por consiguiente, el equipo está desmoralizado, y el nivel de compromiso es extremadamente bajo, los empleados de niveles más bajos de la compañía dudan de las capacidades del equipo de liderazgo. Pocos creen que las cosas vayan a cambiar, aunque venga un nuevo director general.

- Hay conflictos importantes entre los empleados de ventas y marketing. La gente de marketing cree que sus compañeros de ventas no han invertido la energía suficiente para ejecutar sus planes y que se han calculado mal los incentivos. Por su parte, la gente de ventas siente que ha sido utilizada como cabeza de turco argumentando que el marketing no ha se ha concentrado lo suficiente en los productos centrales y que no se han dedicado los recursos suficientes.

La cultura de trabajo

¿Cuáles son los principales problemas que afectan a la cultura de trabajo?

- Cuando la gente deja de cumplir con sus compromisos, pone excusas, en lugar de aceptar su propia responsabilidad; probablemente ello sea un reflejo de la historia corta y poco exitosa de la organización.

- Cuando se cometen errores o surgen problemas empiezan las acusaciones y las peleas internas, en lugar de hacer un análisis de las causas principales y resolver los conflictos, sobre todo entre la gente de ventas y la de marketing.

A la hora de *definir* buenas estrategias, hay ciertas cosas que son evidentes: las buenas estrategias crean valor para los clientes y retienen el valor para los inversores durante más tiempo. Son simplificaciones muy poderosas que, si se comunican efectivamente, ofrecen claridad, orientación y compromiso a toda la organización. Aprovechan y refuerzan las competencias centrales de la organización. Responden a los retos y crean oportunidades en el contexto exterior. Y son fuertes y adaptables.

Sin embargo, cuando se habla de cómo crear buenas estrategias, la cosa no está tan clara. ¿Es lo mismo elaborar una estrategia que diseñar un modelo empresarial? ¿Debería la estrategia ayudar a determinar la manera en que los líderes reciben el apoyo para el cambio y el compromiso de toda la organización? Una buena estrategia ¿presta también atención a cómo la empresa aprenderá y se adaptará a las condiciones cambiantes? La respuesta a estas tres preguntas es «sí». Pero los líderes no suelen tener claro de cuál de esas conversaciones estratégicas están hablando.

Para que la transformación prospere, has de conocer las tres dimensiones que intervienen en la elaboración de una buena estrategia empresarial. Los elementos centrales de este modelo de estrategia empresarial 3D que se muestran en la figura 6.2 son los siguientes:[2]

FIGURA 6.2

La estrategia empresarial 3D

El diagrama muestra los elementos clave de una estrategia empresarial.

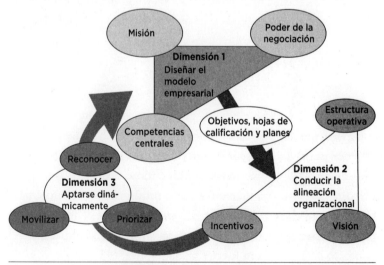

1. *Diseñar (o rediseñar) un modelo empresarial* que aproveche de forma rentable el contexto exterior y que pueda soportar sus amenazas.

2. *Conducir la alineación organizacional* para asegurar que los empleados de todos los niveles estén motivados para tomar decisiones que sean consistentes con el modelo empresarial y que ayuden a la compañía a alcanzar sus objetivos.

3. *Adaptarse dinámicamente* a los cambios del contexto exterior, así como «modelar el juego» proactivamente a través de la innovación y del trabajo creativo para influir en el entorno político y regulador.

Veamos cada una de estas dimensiones con más detalle.

Dimensión 1: Diseñar (o rediseñar) el modelo empresarial

El modelo empresarial define la lógica principal de la empresa; es decir, la razón por la cual la empresa genera ingresos, gestiona los costes y consigue un crecimiento rentable a largo plazo. Los elementos fundamentales del modelo empresarial son:

- **La definición de la misión.** ¿Cuál es el eje fundamental de la empresa? ¿Qué hará —y qué no hará— la empresa con respecto a los clientes objetivo, la oferta de productos y servicios y las proposiciones de valor?

- **El pleno conocimiento de las fuentes sostenibles de poder de la negociación.** ¿Cómo desarrollará y mantendrá la organización su habilidad de atraer valor en sus tratos con clientes y proveedores? ¿Cómo protegerá sus intereses en las interacciones con los responsables políticos, los organismos reguladores, las ONG y otros actores de fuera de la empresa?

- **Un inventario exhaustivo de las capacidades principales.** ¿Qué áreas tiene que dominar la empresa para defender la misión elegida y mantener las fuentes clave de poder de la negociación? ¿Qué tareas o procesos gestiona bien la empresa internamente y cuáles debería externalizar?

Generalmente, esos elementos del modelo empresarial se refuerzan mutuamente: una definición clara de la misión se traduce en unas decisiones adecuadas sobre en qué capacidades se debería invertir, y todo ello respalda qué dirección debe tomar la organización. Así, realizar las inversiones adecuadas en las competencias principales ayuda a que a empresa desarrolle fuentes sólidas de poder de negociación; por ejemplo, economías de escala, fuertes marcas y propiedad intelectual protegida.

A la hora de rediseñar el modelo empresarial es evidente que los líderes en transición han de empezar definiendo la misión, sabiendo que es un peldaño más hacia la reorientación de la organización a largo plazo. Esa podría ser una victoria temprana para los nuevos líderes, porque la claridad sobre la misión genera claridad sobre las fuentes de poder de la negociación y sobre las competencias centrales. Y eso, a su vez, facilita el desarrollo de la segunda y la tercera dimensiones de la estrategia empresarial: dirigir la alineación organizacional y adoptar dinámicamente los cambios del entorno.

Para definir la misión y rediseñar el modelo empresarial, tú y tu equipo de liderazgo deberíais formularos una serie de preguntas: ¿A qué clientes serviremos y a cuáles no? ¿Qué productos y servicios ofreceremos y cuáles no? ¿Con quién competiremos y con quién no? ¿Qué proposiciones de valor ofreceremos y cuáles no? Y, por último, ¿qué tipo de concesiones tendremos que hacer y qué implicaciones conllevará el adoptar tales compromisos? Estas preguntas requieren cierta disciplina en el grupo y pueden inmunizar a la empresa contra la «expansión de la misión» o intentar serlo todo para todos. Si dentro de la empresa no hay una orientación clara hacia una misión, los efectos negativos se propagan, casi inevitablemente, a los otros componentes del sistema empresarial y, como consecuencia de ello, la empresa se ve maniatada en el contexto exterior; lo cual, inevitablemente, contribuirá a crear un clima y una cultura indeseados dentro de la organización.

Debra, para realizar con éxito la transformación de FemHealth, ha de empezar haciendo algunas preguntas sobre la misión y el modelo empresarial. Desde la creación de la compañía, *todo* ha sido una prioridad, lo cual quiere decir que *nada* lo ha sido. En concreto, la empresa se ha concentrado en demasiados tipos de enfermedades y —al no tener un centro de atención principal— el equipo de liderazgo no ha podido tomar las decisiones necesarias sobre la distribución de los recursos y así establecer un centro de gravedad. Debido a la falta de sinergias entre las cinco categorías de productos médicos —es decir, debido a que no se implican en vender a los mismos clientes o en aprovechar las mismas tecnologías— FemHealth no ha podido aprovechar su cartera de instrumentos y aparatos quirúrgicos para reforzar su poder de negociación con clientes y proveedores. En resumidas cuentas, no ha habido una justificación claramente expresada de por qué las diferentes partes de la empresa van de la mano.

Debra tiene que reorientar la empresa hacia dos o tres categorías de productos médicos únicamente, seleccionando una combinación que genere ingresos y que demuestre un potencial de crecimiento significativo. Esa combinación de productos debería también reflejar unas sinergias reales, no imaginadas o esperadas —clientes comunes, canales de marketing, plataformas tecnológicas, etc.—. Y debería desprenderse del resto de productos. Si FemHealth no tiene una masa crítica en sus categorías de productos médicos elegidas, entonces Debra podrá pensar en hacer otras adquisiciones o acuerdos de licencias.

El modelo empresarial ofrece la base sobre la que articular los objetivos estratégicos o las prioridades de una empresa. Esto quiere decir que tendrás que ser realista a la hora de analizar la situación de la empresa y de preguntarte cuáles, entre todos los indicadores clave del rendimiento —ingresos, gastos, flujo de caja, etc.— son los objetivos más importantes que hemos de conseguir. Y ¿qué parámetros utilizaremos para medir nuestro progreso en el logro de esos objetivos prioritarios?

Para cada proceso crítico o cada indicador de calidad, tendrás que determinar cómo vas a hacer el seguimiento del rendimiento. Metodologías estructuradas como el Kaplan/Norton Balanced Scorecard son muy útiles en este sentido.[3] Evidentemente, también resulta útil crear una tabla gráfica del rendimiento; por ejemplo, una tabla en la que, con los colores rojo, amarillo y verde, subrayes el proceso o las mejoras del rendimiento, el estancamiento o los fracasos. Estas referencias visuales son prácticas para comunicar la lista de prioridades a la organización y para controlar la marcha del equipo hacia la consecución de estos objetivos.

Además, de este modo, exponer que la consecución de los objetivos prioritarios causa un efecto dominó hace que los empleados piensen más sobre el enfoque y las prioridades. Teniendo en cuenta el objetivo de ingresos global, ¿cuál debería ser la contribución de cada producto? Teniendo en cuenta el objetivo de reducción de costes, ¿qué áreas deberíamos recortar?

Por último, las hojas de calificación y las tablas también ayudarán a generar discusiones explícitas sobre las principales concesiones que se deberían hacer en la empresa; por ejemplo, «si hacemos tal cosa, tendremos que hacer tal otra, y deberíamos tenerlo en cuenta desde el principio». Evidentemente, esos debates deberían partir de una información detallada y concordar con las decisiones que el equipo haya tomado sobre el modelo empresarial; es decir, ¿cuál es la proposición de valor para el cliente y en qué competencias fundamentales debería destacar la empresa? Esas conversaciones también deberían tener en cuenta los objetivos operativos de la organización, como veremos en el siguiente apartado.

Dimensión 2: Dirigir la alineación organizacional

Por ahora ya has rediseñado el modelo empresarial y has definido los objetivos y las calificaciones. El segundo paso en el proceso de desarrollo de la estrategia es asegurar que toda la gente de la organización actúe de una forma coherente con el modelo y los objetivos establecidos, y que los apoye. Como demuestra el modelo de Estrategia Empresarial 3D, hay tres niveles primarios para crear una alineación de este tipo: un marco operativo integral, un sistema de incentivos bien ideado y una visión firme.

¿Cómo aprende la gente de la empresa a tomar las decisiones adecuadas? El marco operativo es una guía detallada que muestra lo que los empleados *deberían* hacer para respaldar el modelo empresarial y conseguir los objetivos principales. Es un «esquema de conexiones» que define quién va a tomar las decisiones, y ofrece unos principios directrices sobre cómo deberían tomarse esas decisiones. Comprende los procedimientos operativos estándar, los ritmos de la empresa principales, los protocolos de gestión de proyectos y las rutinas para gestionar las crisis. También incluye otras disciplinas asociadas como son tu planificación y los sistemas de elaboración de presupuestos. Tanto si están escritos explícitamente como si son unos acuerdos tácitos, el marco operativo es un «manual» compartido que explica a la gente cómo ha de coordinar sus acciones.

Cuando ya sepan *cómo* tomar las decisiones adecuadas, tendrán que entender *por qué* es importante hacerlo. El *sistema de incentivos* muestra los motivos principales por los que la gente querrá ser productiva. Es evidente que ese sistema debería incluir una combinación adecuada de bonos basados en el rendimiento, con recompensas individuales y de grupo, y con beneficios económicos y no económicos. Pero lo más importante es que la combinación que se escoja esté directamente relacionada con los objetivos y las métricas definidos por la empresa, y con los comportamientos necesarios para alcanzar esos objetivos.

Por último, no es por casualidad que, en el modelo de Estrategia Empresarial 3D, la *visión* y la misión estén en los extremos opuestos: son en realidad el principio y el fin de una estrategia empresarial. Es bastante normal que ambas se confundan, pero en realidad es fácil distinguirlas. La misión hace referencia a los objetivos generales y a lo que se conseguirá. Cuando los líderes dicen «subiremos a esa montaña», es una declaración de la misión. En cambio, *la visión da a la gente un motivo por el que hacer un esfuerzo adicional*. Es una imagen global de un futuro deseable que la gente espera conseguir, como cuando los líderes declaran que «subiendo a esa montaña, haremos que el mundo sea más seguro para nuestros hijos y nietos». La presencia —o la ausencia— de un lenguaje «motivador» es una prueba de fuego convincente para distinguir la misión y la visión.

Dimensión 3: Adaptarse dinámicamente

La tercera y última dimensión de la estructura de Estrategia Empresarial 3D es *adaptarse dinámicamente a los cambios que se producen en el contexto exterior*. Como dice el refrán: «Ningún plan, por bueno que sea, resiste su primer contacto con el enemigo». Esto no significa que la planificación no sea importante. Lo que quiere decir es que una buena estrategia empresarial tiene que ser sólida ante los cambios que se producen en el entorno. Es decir, que una estrategia sólida *permite que la organización identifique y responda rápidamente a los cambios del entorno.*

Lo primero que hay que hacer es identificar las amenazas y las oportunidades emergentes, y establecer prioridades para responder y actuar frente a ellas. En esto consiste el proceso RPM (reconocer, priorizar, movilizar) que ilustra la figura 6.3. Las cuestiones que los líderes como Debra deberían plantearse en este sentido hacen referencia al *cómo* y *con qué rapidez,* en comparación con la competencia, la empresa identifica los cambios en el entorno. ¿La pillan por sorpresa? ¿Con qué mecanismos de recogida de información centralizados y distribuidos cuenta la empresa? ¿Cómo se establecen el proceso de información y las prioridades? ¿Qué pasa cuando se decide responder a un cambio?

FIGURA 6.3

El proceso RPM

Este diagrama muestra los procesos cíclicos que las empresas han de instaurar para reconocer las amenazas y las oportunidades emergentes, para establecer prioridades y actuar.

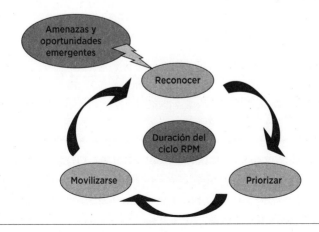

La estructura organizacional

Supongamos que tú —igual que Debra— lideras una transformación, que has analizado los contextos exterior e interior, y que has sobrevivido a la titánica tarea de investigar a fondo y redefinir una estrategia fallida. Para conseguir tus planes de cambio tendrás que prestar atención a otra pieza del sistema empresarial: la estructura organizacional; o lo que es lo mismo, una base adecuada de recursos organizada de una manera productiva. Esa base de recursos se compone de cuatro elementos:

1. **El equipo de liderazgo:** tus subordinados directos e indirectos que juntos son los responsables de definir la dirección, de encarnar importantes valores y comportamientos, de ejecutar los planes y de obtener resultados.

2. **El conjunto de capacidades de la empresa:** el tipo de técnicas y habilidades requeridas para hacer el trabajo de la organización y para lograr los resultados deseados.

3. **La estructura organizacional de la empresa:** la manera en que están divididos los empleados en unidades y funciones, su derecho a tomar decisiones y los mecanismos para integrar estos silos —por ejemplo, equipos de proyecto y funciones de enlace—.

4. **Los procesos centrales de la empresa:** la forma en que fluyen la información y los materiales a través de la organización para convertir los inputs en los resultados deseados.

FemHealth tenía problemas en todas esas áreas estructurales de la empresa, tenía problemas con la calidad del equipo de liderazgo, con la estructura organizativa de marketing y ventas, y los procesos para desarrollar nuevos productos eran ineficientes. En la figura 6.4 se muestra una visión general de estructura organizacional de FemHealth basada en el diagnóstico inicial de Debra:

FIGURA 6.4

Análisis de la estructura organizacional de FemHealth

Equipo de liderazgo

- El equipo actual está desmoralizado y dividido, además ha perdido la credibilidad del resto de la organización; parte del equipo —o incluso todo el equipo— debería ser reemplazado.

- La organización necesita talento nuevo en todos los niveles; ¿qué nivel de profundidad deberían tener esos cambios?

- La empresa necesita recursos específicos —subordinados directos— para funciones críticas como son las finanzas, los recursos humanos, las operaciones de investigación y desarrollo y los asuntos reguladores. Dependiendo de si Debra Silverman decide hacer, o no, adquisiciones y concesiones de licencias, se necesitará talento adicional en esas funciones.

La estructura organizacional

- No tiene sentido tener a dos directores de marketing, como es habitual en FemHealth. La duplicación no hace más que generar falta de orientación dentro del marketing y perpetúa las grietas profundas que hay entre los miembros de los equipos de marketing y ventas.

- No tiene sentido continuar utilizando los servicios compartidos como lo hace habitualmente FemHealth. El gran número de subordinados indirectos y la falta de recursos específicos han provocado que la unidad de negocio pierda la orientación, y tener funciones como las finanzas o los asuntos reguladores trabajando en la periferia supone un impedimento para el cambio que Debra quiere implementar.

- Las operaciones de FemHealth —concretamente, la estructura y los procesos centrales— necesitan una remodelación; ya que, puesto que esta función se formó a partir de una serie de adquisiciones y acuerdos de licencia, se compone de un gran número de instalaciones con una envergadura insuficiente para ser eficientes. Ello, a su vez, genera problemas de coste y calidad.

FIGURA 6.4 (*continuación*)

La base de capacidades

- Por debajo del nivel de subordinados directos de Debra, la empresa cuenta con una buena reserva de talento, especialmente en las ventas. Pero no está claro que todos los de esa área funcional estén preparados para dar un paso al frente y liderar.

- Debido a que las funciones principales operan a través de una estructura de servicios compartidos, existe la posibilidad de aprovechar el mejor talento en esas áreas. En particular, Debra debería intentar buscar el compromiso de gente especialmente competente en las funciones principales, como son las de recursos humanos, finanzas y operaciones.

Los procesos

- La ineficiencia de los procesos de planificación y previsión de la demanda ha hecho que la empresa sea incapaz de definir unos planes realistas y de comprometerse con ellos.

- El proceso de gestión de proyectos del equipo de investigación y desarrollo es ineficiente; hay demasiados productos en desarrollo y no se presta la suficiente atención a cada uno de ellos. El equipo también ha demostrado ser incapaz de eliminar aquellos proyectos que no tienen futuro. Un proceso disciplinado *state-gate* supervisado por un equipo multifuncional generaría importantes mejoras.

Cada uno de esos elementos de la estructura organizacional se pueden analizar independientemente, pero todos tienen que encajar dentro de un sistema coherente. Para ejecutar la estrategia empresarial y obtener los resultados deseados, la compañía debe tener un equipo de liderazgo adecuado, un nivel de talento apropiado para cada función y unos procesos eficientes.

Por lo tanto, una parte importante del trabajo de diagnóstico que los líderes de una transformación deberían hacer al principio es evaluar si los desajustes entre los elementos de la estructura organizacional están perjudicando a la empresa. ¿Está FemHealth fracasando porque su estrategia es inadecuada o porque la organización no cuenta con el talento necesario para implementar adecuadamente su estrategia? (Como indican los datos de la figura 6.4, la estrategia actual de FemHealth es claramente defectuosa). Teniendo en cuenta los objetivos de la compañía ¿es correcta la distribución de los trabajadores en los diferentes equipos? La respuesta es «no». Está claro que la estructura de servicios compartidos acaba difuminando el enfoque global de la compañía y reduciendo su capacidad para aprovechar el mejor talento de dentro y fuera de la compañía.

Lista de verificación: la transformación

1. ¿Cuáles son los principales desafíos en el contexto exterior? ¿Qué problemas con los clientes y los competidores son especialmente perjudiciales para la empresa? ¿Se deben los problemas de la empresa a temas normativos, políticos o sociales?

2. ¿Cuál es la estrategia actual de la empresa? ¿Por qué ha fracasado? ¿Se debe a que el modelo empresarial es inadecuado? ¿Por qué no se ha conseguido la alineación de la estrategia a toda la organización? ¿Por qué la empresa ha sido incapaz de adaptarse antes que sus competidores a los cambios en el entorno?

3. ¿Qué tendría que hacer la empresa para estar mejor orientada? ¿Qué debería hacer y qué no debería hacer? ¿Cuáles son los recursos sostenibles del poder de negociación? ¿En qué debería destacar la empresa?

4. ¿Es la estructura operativa adecuada para alinear acciones y decisiones? ¿Están alineados los incentivos al modelo empresarial y a los objetivos principales? ¿Hay una visión atractiva de un futuro deseable?

5. ¿Sabe la empresa reconocer las amenazas y las oportunidades emergentes? ¿Sabe establecer prioridades para responder a ellas? ¿Puede movilizarse rápidamente? ¿Cómo podría acelerar el proceso RPM?

6. ¿Cuáles son los puntos fuertes y débiles de la estructura actual? ¿Qué cambios se tendrían que hacer en el equipo de liderazgo, la base de capacidades, la estructura y los procesos centrales?

CAPÍTULO 7

El reto de la reestructuración

Si Stefan Eisenberg sabía de algo, era de cómo gestionar en tiempos de crisis. De hecho, acababa de dirigir una transformación rápida y exitosa de las operaciones de fabricación europeas en Careco Devices, una multinacional de aparatos médicos. De lo que no estaba tan seguro era de si el mismo enfoque iba a ser efectivo en su nueva función en la firma.

Antes de entrar a trabajar en Careco, Stefan, un directivo ambicioso y sensato, había desempeñado durante catorce años diferentes cargos relacionados con la fabricación de automóviles en una importante empresa con sede en el sur de Alemania. Había empezado como analista de productividad y acabado como director general de la planta de montaje más grande de la empresa. Los puestos vacantes de nivel superior escaseaban en la empresa y Stefan no quería irse a la competencia, por eso decidió llevar su experiencia como director de operaciones internacionales a una empresa nueva y en una industria nueva.

Después de una serie de entrevistas y de un periodo de negociación, Stefan entró en Careco Devices como vicepresidente de
las operaciones de fabricación. La compañía tenía su sede central
en Estados Unidos, pero trabajaba en más de cincuenta países.
Alardeaba de su estructura regional con organizaciones diferentes
en América del Norte, América del Sur, Europa, Oriente Medio,
África (EMEA) y la región Asia-Pacífico. Esta distribución se
debía principalmente a que, generalmente, la compañía tenía que
obtener la aprobación específica de cada mercado para cada producto nuevo y la certificación de los procesos de fabricación. Stefan y su familia se mudaron del sur de Alemania a Zúrich (Suiza),
donde Careco tenía las oficinas centrales de la zona EMEA.

Stefan fue originalmente contratado con una finalidad: reestructurar las operaciones de fabricación en Europa. Asumió el
puesto decidido a reestructurar una organización que estaba des-
estructurada por el excesivo énfasis de la compañía en crecer a través de las adquisiciones y por centrarse en las operaciones a escala
nacional olvidándose de otras oportunidades. Al cabo de un año,
Stefan había centralizado las funciones más importantes de fabricación, había cerrado cuatro de las plantas menos rentables, había
trasladado gran parte de la producción a Europa del Este y había
reducido el personal casi un 15%. Esos cambios, aunque difíciles,
empezaron a dar sus frutos al cabo de dieciocho meses, y el rendimiento de las operaciones mejoró considerablemente: tres años
después de implementar esos cambios, las fábricas de la empresa
estaban entre el 20% de las mejores de Europa.

Pero ninguna buena acción queda impune. El éxito de Stefan
en Europa le llevó a su nombramiento como subdirector de la
cadena de suministro de las operaciones en Norteamérica de
Caeco, con sede central en Nueva Jersey. El trabajo era mucho
más importante que el anterior, ya que combinaba la fabricación con el suministro estratégico, la logística, la distribución

y el servicio al cliente. Con esa nueva asignación, las divisiones anteriormente independientes habían sido unidas en una única cadena de suministro de principio a fin.

A diferencia de la situación en Europa, las operaciones de Norteamérica no estaban en crisis inmediata, algo que Stefan reconoció como la esencia del problema. El éxito continuado de la empresa empezaba a dar signos de retroceso. El año anterior, los análisis de la industria habían situado el rendimiento de fabricación de la empresa por debajo de la media en términos del rendimiento general y en el tercio inferior de la importante área de satisfacción del cliente por la puntualidad de la entrega. Resultados mediocres, evidentemente, pero no tanto como para exigir una «transformación». Además, el tipo de problemas estructurales que Stefan tenía que tratar en Europa no estaban presentes en las operaciones de Norteamérica. Por ejemplo, en las plantas norteamericanas ya había un equilibrio adecuado entre las funciones centralizadas y descentralizadas de apoyo a la fabricación.

Los análisis del propio Stefan indicaban que empezaban a surgir serios problemas. Primero, el análisis exhaustivo de las operaciones reveló una tendencia preocupante hacia los errores secundarios en toda la cadena de suministro —planificación, integración del suministro, previsiones y fiabilidad de las plantas—. Las iniciativas se quedaban dentro de los silos y, cuando se cometían errores, la tendencia era más de señalar con el dedo que de intentar buscar soluciones: señales indicadoras de tensiones —incluso de hostilidad— entre las unidades que anteriormente efectuaban operaciones independientes. Stefan creía que había una mejor manera de integrar las cuatro piezas fundamentales de la cadena de suministro de la cual era el responsable.

Segundo, Stefan se dio cuenta de que los directivos norteamericanos se deleitaban con su habilidad para reaccionar bien ante las crisis, en lugar de prevenir los problemas. Los problemas surgían, pero las denominadas *soluciones* que daban los ejecutivos trataban los síntomas superficiales, no el origen de los mismos, por lo que problemas similares volvían a aparecer. Los líderes más respetados en esa «filosofía del heroísmo» eran los que entraban en acción, espadas en mano, dispuestos a luchar. Estaba claro que la organización valoraba determinadas capacidades individuales ante una crisis. Por consiguiente, la gente había aprendido a perpetuar y luchar contra el caos.

Tercero, Stefan sentía también que los directivos confiaban demasiado en su intuición —en lugar de en la información imparcial— para tomar decisiones críticas, y los sistemas de información ofrecían poca información objetiva. Todas esas deficiencias contribuyeron, según Stefan, a generalizar un optimismo infundado sobre el futuro de la empresa. Ello, a su vez, generaba más luchas; dado que los ejecutivos reflexivamente veían el vaso medio lleno, no respondían a las primeras señales de un problema y actuaban cuando los problemas ya eran grandes e indiscutibles.

Por último, Stefan reconoció desde el principio que había una serie de impedimentos para mejorar la eficiencia del trabajo. Por ejemplo, el consejero delegado de Careco Devices había declarado públicamente que la compañía se abstendría de exportar puestos de Estados Unidos —tanto directamente a través de la construcción de plantas como indirectamente a través de la externalización— a otros países con salarios más bajos en los próximos tres años. Como consecuencia de ello, ninguna de las plantas existentes era una candidata obvia para su cierre; y, aunque había algunas oportunidades obvias para simplificar las operaciones de la cadena de suministro y reducir la plantilla, los beneficios en la eficiencia que se obtendrían serían bastante modestos.

Con toda esa información inicial, Stefan concluyó que los problemas en el rendimiento en Norteamérica se debían más a su cultura que a su estrategia, su estructura o sus sistemas. El compromiso con el trabajo en equipo era grande, y la gente se enorgullecía de los logros de la empresa. Pero, en la fabricación en concreto, había todavía demasiados problemas. Teniendo en cuenta lo que Stefan había conseguido en Europa, sabía que la gente estaba esperando que entrara en las operaciones de Norteamérica empuñando una gran espada. Pero ese directivo en transición no estaba seguro de querer —o necesitar— actuar de acuerdo con este guion.

El reto de la reestructuración

El caso de Stefan pone de manifiesto un dilema común al que se enfrentan los líderes que cambian de puesto dentro de una empresa o cambian de empresa. Ese dilema hace referencia a la importancia de evaluar e interpretar el tipo de situación que heredan. Stefan, que pasa a liderar las operaciones en Norteamérica, debería preguntarse si se enfrenta a una transformación similar a la que lideró en Europa o se trata de una reestructuración. Es prácticamente imposible que diseñe una estrategia efectiva para crear y defender el cambio organizacional, y que prospere en su nueva función, si no es capaz de reconocer las diferencias importantes que hay entre las dos situaciones empresariales, las cuales superficialmente parecen bastante similares.

La diferencia principal es la «sensación de urgencia». Como hemos dicho en el capítulo 6, una situación de transformación es muy parecida a un coche cuyo motor se está incendiando, una situación en la que el problema es obvio y la respuesta del conductor ha de ser inmediata y drástica. Ante esa situación se había encontrado Stefan en Europa, donde las necesidades urgentes requerían acciones urgentes, suyas y de su equipo. En cambio, una situación de reestructuración es como un vehículo cuyas ruedas están perdiendo aire lentamente, un problema que pasa desapercibido al principio y al que el conductor no responde hasta que una o varias ruedas se han quedado totalmente sin aire. Ese es el caso al que se enfrenta Stefan en Norteamérica, donde los problemas van apareciendo de una forma tan lenta y gradual que no disparan ninguna alarma.

Cada transición requiere unas estrategias de cambio totalmente diferentes por parte del nuevo líder. En las situaciones de transformación, por ejemplo, la prioridad para el líder es la estabilización; es decir, restaurar una sensación de equilibrio en la organización, su gente y sus operaciones. Una vez conseguido el equilibrio, tendrá que mantener el «centro defendible» que queda de la empresa, emprendiendo acciones radicales si son necesarias, e identificar las oportunidades de crecimiento. Pero, en las reestructuraciones, el primer asunto es la educación: el nuevo líder tiene que crear una sensación de urgencia entre los trabajadores, muchos de los cuales ni siquiera reconocen que hay un problema (ver figura 7.1).

Ya hemos comentado en el capítulo 6 que el procedimiento típico de una transformación consiste en reorganizar la estructura organizacional, centrándose primero en la estrategia y la estructura; a continuación, en los procesos y las habilidades; después, crear una nueva cultura de alto rendimiento; y, por último, cambiar el ánimo de la gente, de la desesperación a la esperanza. Eso es esencialmente lo que Stefan había hecho en Europa. Cerró plantas, modificó la producción y recortó la plantilla —un cambio de estrategia—. También centralizó rápidamente algunas funciones de fabricación importantes para reducir la fragmentación y reducir los costes —un cambio de estructura—.

Por desgracia, si Stefan intentara adoptar una estrategia de cambio similar en las operaciones de fabricación en Norteamérica, activaría inmediatamente el sistema inmunológico de la empresa, provocando que sus compañeros y subordinados lo rechazaran, a él y a sus ideas. (Para más información sobre el sistema inmunológico de una empresa, ver el capítulo 4, «El reto de la incorporación a una nueva empresa»).

En una organización en la que la mayoría de la gente niega la necesidad de un cambio, los esfuerzos prematuros por modificar la estrategia de la organización o por retocar su estructura son vistos como superficiales o innecesarios, y al líder le costará mucho ganarse el apoyo de la gente. Teniendo en cuenta que las operaciones de fabricación en Norteamérica no tienen serios problemas de capacidad o productividad, el cierre de plantas no es necesario —por lo que no es necesario cambiar la estrategia—. Las funciones principales de fabricación ya están centralizadas y son sólidas —por lo que no es necesario cambiar la estructura—. Los verdaderos problemas están en la calidad de los sistemas de información y en su cultura, un tanto pirómana; ambas dinámicas son muy típicas de las reestructuraciones. De hecho, el rendimiento organizacional en Norteamérica está dando señales de deterioro debido, en parte, a que los líderes anteriores tenían la tendencia a cambiar las estrategias y las estructuras antes de tratar otros asuntos importantes.

Tus decisiones sobre qué elementos fundamentales de la organización se han de tratar primero y qué enfoque se ha de utilizar son solamente el principio. En una reestructuración —a diferencia de en una transformación— tendrás que definir y asegurar victorias tempranas de diferente manera, siendo la más importante despertar la conciencia de la gente sobre la necesidad del cambio. También tendrás que tratar los temas de personal de diferente manera. Por ejemplo, para transformar rápidamente la sede europea, Stefan tuvo que hacer despidos en los niveles superiores de la organización y aportar talento nuevo de fuera de la misma. En cambio, en Norteamérica, el equipo directivo que había heredado era razonablemente potente, lo cual fue un motivo importante para que Stefen intentara promocionarlo.

FIGURA 7.1

La transformación versus la reestructuración

Principios fundamentales	Transformación	Reestructuración
1. Organiza el aprendizaje Averigua qué es lo que más has de aprender, de quién y cómo.	Concéntrate en el aprendizaje técnico (estrategias, mercados, tecnologías, etc.). Prepárate para actuar rápidamente.	Concéntrate en el aprendizaje cultural y político. Prepárate para actuar deliberadamente.
2. Define tu estrategia Desarrolla y explica una visión convincente de cómo será la organización. Detalla una estrategia clara para conseguir esa visión.	Elimina actividades que no sean esenciales.	Perfecciona y aprovecha las capacidades existentes. Fomenta la innovación.
3. Prioriza los elementos Identifica unos pocos objetivos vitales y persíguelos sin pausa. Piensa en qué vas a tener que conseguir al final del primer año en el nuevo puesto.	Haz cambios más rápidos y más osados. Concéntrate en la estrategia y la estructura.	Haz cambios más lentos y más deliberados. Concéntrate en los sistemas, las habilidades y la cultura.
4. Desarrolla un equipo de líderes Evalúa al equipo que has heredado. Actúa con destreza para hacer los cambios necesarios; busca el equilibrio óptimo entre contratar talento de fuera y mejorar el potencial de la gente de dentro.	Elimina a gente de niveles superiores. Contrata talento externo.	Haz cambios poco importantes. Promociona a la gente de alto potencial de dentro de la empresa.
5. Asegura victorias tempranas Piensa en cómo vas a «llegar» a la nueva organización. Busca la forma de desarrollar credibilidad personal y de motivar a los empleados.	Cambia el estado de ánimo, de la desesperanza a la esperanza.	Cambia el estado de ánimo, de la negatividad a la concienciación.
6. Crea alianzas de apoyo Identifica quién funciona bien en la organización y quién tiene influencia. Crea coaliciones que apoyen tus iniciativas.	Obtén el apoyo de los jefes y otras personas clave para invertir en los recursos que necesitas.	Desarrolla alianzas de gente de tu nivel e inferiores para asegurar una mejor ejecución.

El cambio de estrategia para cada situación

Cuando conozcas el tipo de situación que has heredado, transformación o reestructuración, empieza a definir las estrategias que utilizarás para crear los cambios necesarios. En los casos de reestructuración, es fundamental que organices un trabajo de transformación sutil, mucho más paciente e ingenioso que las acciones directas y drásticas que Stefan había llevado a cabo en Europa y que eran requeridas para una situación de transformación. Lo importante en este caso debería ser despertar progresivamente la conciencia de la gente sobre los problemas existentes y, en segundo lugar, cambiar las actitudes y los comportamientos de una masa crítica de gente en la organización.

Concienciar a la gente

Tendrás que conseguir que la gente de la organización reconozca la necesidad de un cambio y que se concentren en evitar los problemas emergentes para que no se hagan graves. Los siguientes principios te pueden ayudar a conseguir la concienciación colectiva.

Enfatiza los hechos más que las opiniones. Puedes cambiar la visión de la cultura de tu compañía del color rosa al gris simplemente poniendo más énfasis en la gestión basada en la información y en el análisis de las causas principales. Por ejemplo, en las reuniones de revisión que hizo Stefan al principio en Norteamérica, él y su equipo profundizaron en temas en los que las opiniones no estaban respaldadas por los hechos. En aquellas sesiones, Stefan no culpó a la gente por no tener todas las respuestas a sus preguntas, sino que les pidió que salieran a buscar información que defendiera o reprobara sus afirmaciones. *Su mantra no era «dadme soluciones, no problemas», una filosofía peligrosa que puede dar a los miembros del equipo una excusa fácil para no exponer los* *problemas.* Lo que pedía Stefan a los miembros de su equipo era que hablaran con conocimiento de causa: «Contadme los problemas cuanto antes y venid preparados para hablar de cómo diagnosticar el origen de los mismos y poder solucionarlos».

Presta atención al contexto exterior. En las reestructuraciones, es bastante normal que las organizaciones estén orientadas hacia el interior, que confíen solamente en los indicadores de rendimiento de sus procesos internos. Para evitar tal problema, empieza introduciendo lo máximo posible del mundo exterior. Ello quiere decir, por ejemplo, participar en las referencias explícitas que hay en tu industria, o incluso en diferentes industrias. Stefan introdujo las referencias externas explícitas en la conversación sobre las operaciones de fabricación de Careco en Norteamérica. Encargó estudios para comparar las cifras de fabricación y las puntuaciones de satisfacción del cliente de su compañía con otras de su industria. Esos estudios revelaron que su organización estaba en el cuartil inferior, lo cual fue una llamada de atención.

Contrata a otros para que formen a tu gente. Como nuevo líder tendrás que obligar a la gente de tu empresa o tu departamento a que afronten a la realidad, pero siempre es peligroso que seas la única fuente de preocupaciones en un grupo, porque corres el riesgo de convertirte en el blanco de los ataques del sistema inmunológico. Para evitarlo, intenta traer voces externas —clientes, proveedores o incluso líderes respetados de otras partes de la empresa— que te ayuden a decir aquellas cosas que la gente no quiere oír. Stefan reforzó enormemente sus esfuerzos de despertar la concienciación colectiva sobre los pobres resultados encargando evaluaciones imparciales a buenos consultores de fuera de la empresa que le ayudaron a exponer sus argumentos.

Promociona a los campeones. Las empresas que necesitan algún tipo de reorganización suelen tener una reserva grande de talento ejecutivo, no así las que necesitan una transformación. Por eso, una forma útil de enviar a los trabajadores un mensaje sobre la necesidad del cambio es elogiando a los que ejemplifican el tipo de pensamiento que crees que es necesario para liderar la organización en el futuro. Por ejemplo, Stefan sabía que iba a tener que hacer algunos cambios importantes dentro de su equipo. En concreto, unos cuantos puestos importantes de fabricación requerían a líderes que tuvieran grandes habilidades técnicas para defender los cambios que planeaba hacer en los sistemas. Pero, en lugar de salir fuera a buscar esta experiencia, Stefan promocionó a empleados de la organización. La gente acabó reconociendo que no se fijaba únicamente en las debilidades de la empresa, sino que también apreciaba sus puntos fuertes.

Elimina a los que se oponen. *En ocasiones no hay sustituto para el sacrificio ritual de un oponente implacable.* En el caso de Stefan, había un director muy influyente en las operaciones de la cadena de suministro en Norteamérica que, a pesar de los esfuerzos que hizo Stefan, no reconocía la necesidad de un cambio; de hecho, la inacción de ese directivo amenazaba con socavar los planes de Stefan y su intención de establecer su liderazgo. El despido de esa persona envió un mensaje muy importante al resto de la organización.

Cambiar las actitudes y los comportamientos

Los estudios sobre la motivación humana demuestran que la relación entre las actitudes de la gente y sus comportamientos es compleja y bidireccional.[1] Los cambios en las actitudes generan cambios en el comportamiento, pero sucede lo mismo a la inversa y el efecto es mayor. Es decir, si consigues que la gente actúe de diferente manera, también pensará de diferente manera. Los estudios sugieren que las personas no están cómodas cuando hay un desfase entre sus acciones y sus creencias, y por eso corrigen ese desajuste alineando lo que piensan con lo que hacen. Es por tanto fundamental que los nuevos líderes que están en una situación de reestructuración se concentren inicialmente en modificar los comportamientos teniendo en cuenta que las actitudes también acabarán modificándose. Los principios siguientes te pueden ayudar.

Haz que la gente participe en el diagnóstico. Si reúnes a unas cuantas personas para solucionar un problema, tendrán sus propias suposiciones, concretamente que *hay* un problema. Si reúnes a gente para explorar o diagnosticar la situación de la empresa, no se sentirán obligados a extraer conclusiones sobre posibles soluciones o sobre la profundidad de la transformación que se ha de hacer hasta que estén preparados para hacerlo. A esto lo denomino «la estrategia entrelazada».[2] Se trata de moverte de un punto A a un punto B dando una serie de pasos, en lugar de dar solo uno. Stefan lo hizo creando unos equipos para que se centraran en los elementos específicos del rendimiento en la cadena de suministro, en lugar de en unas áreas «problemáticas» específicas. Para liderar a los equipos, Stefan nombró a personas de cada uno de los cuatro segmentos de operaciones que sabía que tenían mucha influencia, aunque no necesariamente estuvieran de acuerdo con él. Así, el foco de atención recayó en las transferencias entre los silos.

Cambia los parámetros. La gente evalúa su rendimiento según los parámetros que la empresa o el departamento ha establecido; por ejemplo, el número de productos vendidos, la cantidad de ingresos percibidos o el número de clientes satisfechos. Si cambias esos parámetros, inevitablemente cambiarás los comportamientos de la gente —por lo tanto, influirás en sus actitudes—. Lo importante, sin embargo, es que hagas cambios que la gente considere necesarios y legítimos. Por ejemplo, Stefan creó un conjunto nuevo y compacto de parámetros que daban más énfasis a unos indicadores más actuales. De esa manera consiguió centrar la atención de su equipo en el rendimiento general de la cadena de suministro, en lugar de en los resultados discretos de la función. Y, puesto que el equipo prestaba ahora más atención a los indicadores de futuros problemas, empezó a distribuir su tiempo de una manera más efectiva.

Alinear los incentivos. *Si recompensas a la gente —con el reconocimiento, el estatus y el progreso— por apagar fuegos, no te sorprendas si acabas con una organización llena de pirómanos.* Para que la gente estuviera más interesada en prevenir sorpresas previsibles, Stefan tuvo que hacer que todos avanzaran en la misma dirección, ofreciendo incentivos positivos por evitar los fuegos, y otros menos positivos por luchar contra ellos. Este principio básico también se aplica a la resolución de conflictos entre los distintos departamentos. Es normal que atribuyas estas tensiones a la desconfianza mutua que hay entre los grupos o entre las diferencias de personalidad; sin embargo, la mayoría de los conflictos de este tipo tienen que ver con los incentivos. Para que hubiera más paz entre las unidades de la cadena de suministro y reducir las acusaciones entre los miembros del equipo, Stefan estableció unos «incentivos de equipo» que estaban directamente vinculados al nuevo conjunto de parámetros de la cadena de suministro que había introducido. Al principio, los miembros del equipo se quejaban de que se les atribuía la responsabilidad de los errores que otros habían cometido, pero con el tiempo empezaron a ayudarse unos a otros. Al cambiar su comportamiento cambió también su actitud hacia la nueva estructura de la cadena de suministro.

Tiende puentes entre el pasado y el futuro. En una situación de reestructuración en la que las cosas todavía no están del todo deterioradas, tiene sentido aprovechar las capacidades de la organización para subsanar sus deficiencias. Esto quiere decir construir puentes —desde donde está la gente hasta donde tiene que estar— en lugar de prescindir de la gente y sus ideas. Stefan, por ejemplo, para poner en marcha el proceso de transformación se reunió varias veces con los 150 directivos de la cadena de suministro de Careco para examinar juntos los sistemas, las capacidades y las culturas centrales de la compañía. Les propuso que identificaran las capacidades que podían aprovechar y las deficiencias que debían subsanar. Entre las capacidades culturales que los participantes identificaron estaban los valores profundamente arraigados sobre el trabajo en equipo y su capacidad de reacción. Las deficiencias culturales que encontraron eran la tendencia a ignorar los problemas hasta que eran graves y el dedicarse demasiado a apagar fuegos. En base a estas revelaciones, Stefan y los directivos tuvieron una serie de discusiones sobre cómo preservar los elementos productivos de la cultura y eliminar los que eran disfuncionales.

Asegura y celebra las victorias tempranas. Si quieres cambiar los comportamientos y actitudes de la gente en una situación de reestructuración, es fundamental que des impulso generando movimiento hacia la dirección prometida y aprovechando los pequeños logros para conseguir otros mayores. Así pues, cuando consigas alguna victoria importante y cuantificable, deberías cantar victoria y celebrarla. De esa forma estás transmitiéndoles los mensajes de que los primeros esfuerzos empiezan a dar sus frutos y de que reconoces los esfuerzos individuales y del equipo que ejemplifican «el pensamiento adecuado».

El estilo correcto de liderazgo para cada situación

La situación en la que se encuentra tu organización influye tanto en tu manera de liderar las iniciativas de cambio como en la manera de liderarte a ti mismo; es decir, en cómo adaptar tu estilo de liderazgo a la situación y en cómo crear un equipo de gente que complemente tus capacidades y que compense tus deficiencias en el nuevo contexto. Esto es especialmente cierto cuando se trata de determinar si eres un «héroe» o un «administrador».[3]

Héroes y administradores

En las transformaciones, los líderes suelen tratar con gente que está hambrienta de esperanza, imaginación y dirección, y por eso necesitan un estilo de líder heroico, que combata al enemigo espada en mano. En los momentos difíciles, la gente cerrará filas en torno al héroe y seguirá sus órdenes. Ese fue el caso de Stefan en Europa. Stefan, un líder heroico por naturaleza, inmediatamente tomó las riendas, definió la dirección y acometió dolorosas decisiones. Puesto que el panorama era poco prometedor, la gente enseguida estuvo dispuesta a seguir sus directivas sin ofrecer demasiada resistencia.

En cambio, las reestructuraciones exigen un tipo de liderazgo más parecido al de un administrador o un funcionario, un enfoque más diplomático y menos egocéntrico que ayude a que la gente reconozca la necesidad de un cambio. Los administradores son más pacientes y sistemáticos que los héroes a la hora de decidir qué gente, qué procesos y qué recursos conservar y cuáles eliminar.

Los héroes y los administradores comparten muchos atributos importantes: se basan en una serie de valores básicos que la gente admira; por ejemplo, una ética de trabajo firme y el sentido del juego limpio. Ambos tipos de líderes demuestran estar dispuestos a resolver los problemas de la empresa. Se desafían a sí mismos y desafían a los demás para conseguir el máximo rendimiento posible. Comunican claramente lo que se ha de hacer, forjan relaciones con la gente con la que trabajan y persiguen con valentía el cambio necesario (ver un resumen gráfico en la figura 7.2).

FIGURA 7.2

Héroes y administradores

Este gráfico ilustra los elementos comunes de los líderes efectivos y los elementos clave que son diferentes según la situación.

El héroe
- Visionario
- Directivo
- Carismático

El administrador
- Conservador
- Diplomático
- Dispuesto a ayudar

Claro
Comprometido
Relacionado
Desafiante
Valiente

Valores fundamentales

Pero, *dependiendo del contexto*, los héroes y los administradores también tienen que mostrar diferencias a la hora de enfocar su manera de liderar el cambio. ¿Qué habría pasado si Stefan hubiera encarado su nuevo cargo en Norteamérica como «Stefan el Guerrero» fijando una nueva dirección y haciendo duros cambios utilizando las mismas estrategias heroicas con las que triunfó en Europa? Lo más probable es que habrían rechazado sus ideas —incluso a él mismo— por el mero hecho de venir de fuera: un organismo extraño que provoca una fuerte reacción del sistema inmunológico de la organización. El resultado habría sido fatal para sus ambiciones. Por lo tanto, en los casos de reestructuración, el héroe natural debe confiar en su administrador interno. Por ejemplo, en su nueva función de líder en Norteamérica, Stefan tuvo que hacer evaluaciones minuciosas, avanzar intencionadamente hacia el cambio y sentar las bases para el éxito sostenido.

Y, al contrario, los líderes que son por naturaleza administradores tendrán problemas en situaciones de transformación. La gente en crisis está hambrienta de esperanza y dirección, y no de compromiso y consenso. La situación requiere acciones inmediatas, no deliberaciones y discusiones sistemáticas sobre las ideas y el apoyo compartidos. Así pues, en una situación de transformación, la persona que es administradora por naturaleza debe aprovecharse del héroe que lleva dentro, conservando al mismo tiempo sus habilidades y sus métodos básicos de dirección que le han hecho ser un líder efectivo.

Formar equipos complementarios

Es cierto que vas a tener que adaptar algunos elementos de tu estilo de liderazgo a la situación de la empresa, pero obviamente no puedes ser algo que no eres. Al fin y al cabo, existen límites en la alquimia del liderazgo e, independientemente de que seas héroe o administrador, no podrás destruir las bases de tu propio estilo de liderazgo y después recomponerlas.

Lo que sí puedes adaptar, por lo menos hasta cierto punto, son algunos aspectos de tu manera de enfocar el liderazgo. Por ejemplo, ¿cómo aprender en situaciones nuevas? En la situación de transformación que Stefan lideró en Europa tuvo que analizar rápidamente las dimensiones técnicas de la empresa como habría hecho un consultor: estrategia, competidores, productos, mercados y tecnologías. En cambio, en la situación de reestructuración en Norteamérica, el aprendizaje de Stefan fue radicalmente diferente. El aspecto técnico era evidentemente importante, pero el aprendizaje cultural y político lo era mucho más. Las dinámicas internas suelen ser una de las causas principales de que una empresa próspera empiece a tambalearse, y hacer que la gente reconozca la necesidad del cambio es un asunto mucho más político que técnico. Para que el líder que se incorpora a una empresa tenga éxito —y sobreviva— es fundamental que conozca a fondo la cultura y la política de la misma.

Además, ha de recurrir a otros miembros del equipo cuyas capacidades y estilos complementen a los suyos. Si eres héroe pero la situación requiere más la persona de un administrador, identifica a aquellos que son por naturaleza administradores. Está claro que en todos los equipos buenos de liderazgo hay dos o tres ejecutivos que tienen la combinación adecuada de heroísmo y administración, y que alivian la presión de todos desempeñando múltiples funciones. El administrador ayuda a refrenar los peores impulsos del héroe: impulsividad, microdirección y, en casos extremos, narcisismo. Por su parte, el héroe, contrarresta las tendencias del administrador de la aversión al riesgo y, quizás, el exceso de confianza en el asesoramiento y en el desarrollo del consenso.

Los roles que cada líder desempeñará dependen lógicamente de sus tendencias individuales, pero la mezcla de estilos necesaria cambiará conforme cambie la situación de la empresa. Por ejemplo, en la fase de gestión de la crisis de una transformación será necesario el liderazgo heroico y directivo. Pero, cuando las cosas se hayan estabilizado, el equipo de liderazgo querrá proyectar su enfoque hacia delante, hacia tareas como el desarrollo de la capacidad de liderazgo en la organización —una función propia de los administradores—. También en el caso de una reestructuración, una vez realizado el diagnóstico de la situación, se tendrán que implementar una serie de iniciativas y programas que exigirán unas medidas audaces y decisivas —un trabajo más propio de los héroes—.

Aprovechar el modelo STARS

El modelo STARS (*start-up*, transformación, crecimiento acelerado, reestructuración y éxito sostenido) comentado en la introducción debería formar parte de la cartera de gestión del cambio de todas las empresas. Al distinguir entre los diferentes tipos de situaciones empresariales, el modelo STARS ayuda a los líderes a identificar los tipos de cambio que es necesario hacer y a descubrir cómo iniciar el proceso de transformación para empezar a desempeñar sus nuevas funciones. Debido al dinamismo del entorno empresarial, las empresas están continuamente cambiando; esos cambios pueden tener la forma de una reestructuración, una transformación o cualquier otro tipo. Son las empresas las que han de proporcionar a los nuevos líderes los procesos y las herramientas de cambio adaptadas a la situación determinada en la que se encuentran.

El modelo STARS también debería ayudar a las empresas a realizar la evaluación del liderazgo y el desarrollo de los equipos. En otras palabras, las empresas deberían tener un modelo de trabajo en equipo productivo basado en varias realidades. En primer lugar, las empresas suelen estar dirigidas por un equipo central de dos o tres personas cuyas aptitudes se complementan. En segundo lugar, la combinación adecuada de directivos depende de la situación de la empresa. Un importante punto de apoyo son las herramientas de evaluación que dan información sobre las funciones preferidas de los líderes.

El modelo STARS también proporciona información sobre el reclutamiento y la contratación. El líder que ha sido contratado para transformar una empresa que tiene serios problemas, se enfrenta a unos problemas totalmente diferentes a los del líder que ha sido contratado para reorganizar una empresa. *Hay que tener cuidado, por ejemplo, en no abocar a los recién contratados al fracaso poniéndoles en una situación de reestructuración y esperar de ellos que creen una sensación de urgencia sin ayuda.*

Por último, las empresas pueden incorporar el modelo STARS en sus procesos de gestión del talento y de planificación de la sucesión. Los líderes competentes deberían ser capaces de liderar cualquier situación STARS. Por ejemplo, no es rentable producir solo especialistas en transformaciones o líderes de reestructuraciones, porque lo normal es que en la misma empresa haya una mezcla de situaciones de cambio estando algunos elementos en una transformación, otros en una reestructuración —y otros en un crecimiento acelerado o en una situación de éxito sostenido—. Por lo tanto, vale la pena evaluar a los líderes de alto potencial según la experiencia que tienen en cada una de las situaciones, y utilizar esa información para identificar las deficiencias de talento fundamental y las oportunidades para subsanarlas.

Lista de verificación: la reestructuración

1. ¿Por qué ha pasado la empresa del éxito sostenido a la reestructuración? ¿Ha habido alguien de la empresa que haya negado la tormenta inminente? Si es así, ¿por qué ha ocurrido?

2. ¿El origen del problema tiene que ver más con una estrategia o una estructura inadecuadas o con los sistemas, el conjunto de capacidades y la cultura de la empresa?

3. ¿Qué aspectos de la cultura de trabajo refuerzan el alto rendimiento y cuáles lo hunden? ¿Cómo se han arraigado los aspectos negativos y cómo han podido persistir?

4. ¿Qué harás para despertar la conciencia de la gente sobre la necesidad del cambio? ¿Hay datos concretos que puedan demostrarlo? ¿Ayudaría un cambio de los parámetros? ¿Hay voces influyentes externas a la organización, por ejemplo los clientes, a las que la gente escucharía? ¿Ayudaría la elaboración de un diagnóstico compartido?

5. ¿Qué tipo de líder eres? ¿Un héroe o un administrador? ¿Qué tipo de líder necesita la situación: un líder heroico o un administrador?

6. Teniendo en cuenta el tipo de líder que necesita la empresa, ¿cómo desarrollarás un equipo complementario que te ayude a reestructurar la organización?

CAPÍTULO 8

El reto de la cartera STARS

Andy Donovan fue contratado por Zetacam, una empresa de electrónica, como subdirector del servicio al cliente. Era el responsable de los tres centros de servicio regionales más importantes, los cuales funcionaban como unidades independientes pero acababan de fusionarse. Tenía experiencia como director de operaciones y, por lo tanto, sabía qué tenía que hacer para mejorar la productividad de los tres centros armonizando, al mismo tiempo, sus estructuras, sus sistemas y sus culturas.

Durante las dos primeras semanas en el puesto, Andy viajó a cada uno de los centros para reunirse con los directores y con el personal, así como con los supervisores de primera línea y sus empleados. Quería conocer de primera mano cómo estaban organizados, cómo utilizaban los recursos y la tecnología, y qué clima y cultura organizacional había. Pensó que esa información le ayudaría a definir sus prioridades y a desarrollar un plan para presentárselo a su nueva jefa, Christine Rau.

En sus viajes, Andy se encontró con tres situaciones bien diferentes. El primer centro que visitó le dio tanto ánimo como preocupación. La buena noticia era que el centro ofrecía un servicio puntual y de alta calidad a sus clientes. Además, sus entrevistas con los supervisores de primera línea y con los empleados le revelaron que el centro alardeaba de tener unos procesos y sistemas sólidos y —algo más importante aún— a un equipo de trabajadores bien formados y serios que estaban orgullosos de su capacidad para resolver problemas y de su fama de trabajadores productivos. Pero a Andy le preocupó la actitud de complacencia sutil, pero inequívoca, de algunos de los empleados del centro. Por ejemplo, cuando les preguntó sobre sus planes de mejora, le dio la sensación de que no creían que fuera necesario mejorar y que tampoco sabían cómo hacerlo.

El segundo centro estaba dirigido por los tres directores regionales de más antigüedad. También era el centro más grande, el que servía a los clientes de algunas de las zonas más pobladas de Estados Unidos. El análisis que Andy hizo de ese centro sacó a relucir una trayectoria de buen rendimiento, pero también había algunos indicios de empeoramiento durante los últimos doce meses, siendo uno de ellos el aumento de las quejas de los clientes. Pero cuando entrevistó al director y a su equipo, a los supervisores y a sus subordinados, le sorprendió ver que no les preocupaba nada ese tema. Los resultados de satisfacción del cliente habían empeorado ligeramente, y ese empeoramiento —según los directores y los empleados— se debía principalmente a temas relacionados con la calidad del producto y con la escasez de recursos. También dijeron que los clientes eran cada vez «más exigentes». Por su parte, el director regional daba poca importancia a los problemas. A Andy le dio la sensación de que estaba bastante frustrado. El subdirector concluyó que, aún sin reconocerlo, ese centro de servicio al cliente estaba perdiendo poco a poco su efectividad.

El tercer centro tenía serios problemas: su mal rendimiento fue uno de los motivos por los que Zetacam decidió fusionar la gestión de sus centros de servicio al cliente y de que contratara a Andy. Las quejas de los clientes eran cada vez más y más graves, y llegaban hasta los oídos de las esferas más altas de la empresa. En sus conversaciones con los directores, supervisores y empleados del centro, Andy descubrió que la motivación de los trabajadores estaba por los suelos. La rotación de empleados era inaceptablemente elevada, y muchos de los supervisores que se marchaban tenían un gran potencial. El director regional, Barry Shields, que había sido contratado ocho meses antes básicamente para enderezar la situación, invirtió enseguida en nuevas tecnologías de la información creyendo que eran esenciales para mejorar la productividad, y redujo al máximo las inversiones en otras áreas. Pero, por el momento, esas inversiones habían dado poco fruto. Se podían ver algunos atisbos de progreso en ese centro, pensó Andy, pero abandonó el edificio convencido de que aquel grupo requería mucha más atención.

Cuando regresó a las oficinas centrales, Andy se planteó su estrategia para mejorar las operaciones del servicio al cliente. Quiso conservar los atributos positivos de cada uno de los centros, pero también integrar estructuras y sistemas fundamentales y eliminar las causas originales del rendimiento negativo. Incluso durante ese periodo de transición, los centros tenían que mantener unos niveles aceptables de servicio al cliente, porque no podía permitirse un fuerte descenso de la puntuación de satisfacción de los clientes.

Andy no tenía a otros subordinados, aparte de los tres directores regionales. Había planeado reunirse con los directores de los departamentos de recursos humanos y finanzas para que le aconsejaran y para que le proporcionaran posibles recursos. Pero cada uno de los centros de servicio al cliente tenía también empleados en las funciones principales, como las operaciones, el control de calidad y la formación, de los cuales también podría extraer ideas. Después de asimilar sus observaciones y de escribir algunas notas sobre cómo proceder, Andy se reunió con su nueva jefa y empezó a compartir con ella sus impresiones, pero Christine fue directa al grano: «¿Estás pensando en sustituir a Barry?».

El reto de la cartera STARS

En los dos capítulos anteriores he hablado de cómo los nuevos líderes deberían llevar a cabo la transición en dos de las situaciones específicas definidas en el modelo STARS —transformación, en el capítulo 6, y reestructuración, en el capítulo 7—. Pero la realidad es que difícilmente se encontrarán con una situación «pura». Es decir, lo más normal es que —igual que Andy Donovan— heredes una organización en la que diferentes partes de la empresa estén inmersas en una de esas situaciones.

La buena noticia es que las herramientas desarrolladas en los dos capítulos anteriores se pueden aplicar también a estos entornos complejos. Puedes utilizar el método de análisis de sistemas comentado en el capítulo 6 para realizar un diagnóstico de las diferentes situaciones en las que están cada una de las partes de la organización. Y puedes utilizar muchas de las herramientas del cambio proactivo comentadas en el capítulo 7 a fin de desarrollar tu planteamiento para crear y generar el impulso dentro de diferentes segmentos de la empresa. La diferencia esencial es que estarás tratando con múltiples situaciones STARS simultáneamente. Es evidente que en ese contexto tendrás que buscar la mejor forma de generar impulso, de desarrollar tu equipo y de adaptar tu estilo de liderazgo a las diferentes partes de la empresa.

En cualquier caso, lo primero que tendrás que hacer es reconocer las diferentes situaciones STARS en las que se encuentra la empresa, y para ello tendrás que hacer un *análisis de la cartera STARS* como el que muestra la figura 8.1. Puedes «trocear» la organización de diversas maneras: teniendo en cuenta las unidades, los productos, los proyectos, los clientes, los procesos o las instalaciones. La unidad de análisis «correcta» dependerá de la naturaleza de sus responsabilidades. Por ejemplo, definitivamente tiene más sentido que Andy considere los centros de servicio al cliente como su punto principal de análisis.

FIGURA 8.1

Análisis de la cartera STARS

Es muy probable que, mientras dure tu mandato, diferentes partes de tu organización pasen por situaciones de transición propias de ese departamento o función en particular. El siguiente cuadro te ayudará a planear las diferentes situaciones STARS que hay en tu organización y a determinar tus prioridades de cambio.

Primero, selecciona una unidad de análisis (marca una)

Departamentos	☐
Clientes	☒
Productos	☐
Proyectos	☐
Procesos	☐
Instalaciones	☐
Países	☐

Después, utiliza la unidad de análisis que has elegido para evaluar qué partes de la organización pertenecen a cada una de las categorías STARS.

Tipo de STARS	Unidad de análisis	Puntos de prioridad
Start-up		
Transformación	Servicio al cliente del centro 3	50
Crecimiento acelerado		
Reestructuración	Servicio al cliente del centro 2	35
Éxito sostenido	Servicio al cliente del centro 1	15
	Total	100

El siguiente paso es ver qué partes de la empresa pertenecen a cada una de las categorías STARS (*start-up*, transformación, crecimiento sostenido, reestructuración, éxito sostenido) utilizando la tabla de la figura. Por ejemplo, Andy considera que el primer centro de servicio al cliente de Zetacam está en una situación de éxito sostenido, el segundo en una situación de reestructuración y el tercero en una de transformación. Observa que no es necesario que rellenes toda la tabla; es posible que todas las partes de tu empresa estén dentro de una o dos categorías solamente.

Ahora intenta hacer el trabajo de priorizar. Utilizando los datos de la columna de la derecha, reparte los 100 «puntos de prioridad» entre las diferentes unidades de análisis representadas en tu cartera STARS, según el tiempo y la atención que crees que vas a dedicar a cada una de ellas en los próximos seis meses. Es lógico que Andy decida destinar el 50% de su tiempo a la transformación del servicio al cliente del centro 3; el 35% a la reestructuración del centro 2 y el 15% a asegurar que el centro 1 continúe manteniendo el éxito.

Por último, marca con un asterisco el recuadro al lado del tipo de situación STARS que prefieres liderar. Algunos directivos disfrutan con los desafíos rápidos de transformar una empresa que se está hundiendo, mientras que otros disfrutan liderando los cambios incrementales pero decisivos necesarios en las reestructuraciones o en las situaciones de éxito sostenido. Marcar tu preferencia personal te ayudará a reconocer si tus porcentajes de prioridad reflejan las verdaderas necesidades de la empresa o simplemente tus gustos. Si pones el asterisco al lado de la categoría STARS a la que también has asignado el mayor número de puntos, o bien eres tremendamente afortunado porque los retos a los que te enfrentas son también tus áreas preferidas, o bien tus preferencias personales han sesgado tus prioridades.

FIGURA 8.2

La termodinámica organizacional: visión general

Los motores de la ejecución transforman el «combustible» en forma de talento, financiación y apoyo en el trabajo. Son esas iniciativas que producen victorias tempranas y ayudan a generar impulso.

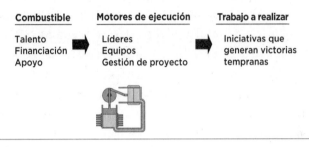

Combustible	Motores de ejecución	Trabajo a realizar
Talento	Líderes	Iniciativas que
Financiación	Equipos	generan victorias
Apoyo	Gestión de proyecto	tempranas

Conducir la ejecución

Una vez que hayas trazado la combinación de situaciones STARS de tu organización, utiliza esa información para determinar qué método deberías utilizar para impulsar el cambio. Para ello tendremos que hablar de la «ciencia de conducir la ejecución».

Los físicos y los investigadores llevan siglos estudiando la termodinámica, los procesos por los cuales los motores convierten el combustible en movimiento. De una forma similar, los líderes que tratan una combinación compleja de situaciones STARS han de dominar rápidamente lo que denomino la *termodinámica organizacional*; es decir, los medios por los cuales los productos y los procesos de la empresa —motores de ejecución— convierten su capital humano y financiero y su apoyo directivo —combustible organizacional— en las victorias tempranas adecuadas —movimiento hacia delante—. Como ilustra la figura 8.2, los motores de ejecución son los equipos de proyectos liderados por gente que consigue que se realicen las cosas y que está respaldada por unos sistemas y unos procesos robustos.

Identifica tus centros de gravedad

Para diseñar motores de ejecución efectivos, has de empezar teniendo «el final en mente», como dice el autor Stephen Covey en *The Seven Habits of Highly Effective People*.[1] En este caso, el objetivo deseado es asegurar algunas victorias tempranas que te ayuden a generar impulso para el cambio en la empresa. Para ello, tendrás que identificar tres o cuatro áreas en las que tienes posibilidades de realizar mejoras rápidas y pensar en esas áreas como si fueran tus «centros de gravedad». Las mejores opciones son los problemas que se pueden atajar rápidamente con una modesta inversión y que producirán ganancias operacionales y financieras visibles. Los blancos más fáciles son aquellas partes de la empresa que has puesto en la categoría de transformación en tu análisis de la cartera STARS. Andy, por ejemplo, pensaría en cómo conseguir algunas mejoras rápidas en el servicio al cliente del centro tres, pero antes tendrá que reunir a un equipo de gente competente de los otros dos centros y pedirles que identifiquen las mejoras prioritarias. Obviamente, ese no es el único centro de gravedad en el que ha de concentrarse, pero es un buen comienzo debido al alcance del problema y a la magnitud de las preocupaciones del equipo directivo.

Es importante que en tus análisis tengas muy en cuenta la situación STARS en la que se encuentra la empresa, porque la consecución de victorias tempranas dependerá evidentemente del contexto. Por ejemplo, Andy debía parar cuanto antes la hemorragia del servicio al cliente del tercer centro, que estaba en una situación de transformación. Si lo consigue, ello será una buena victoria temprana. Pero, en el segundo centro que estaba inmerso en una situación de reestructuración, Andy tenía que buscar la manera de hacer que la gente reconociera la gravedad de los problemas que ahora no podía ver. El nuevo subdirector también debía enfrentarse al personal complaciente del servicio al cliente del primer centro, que estaba en una situación de éxito sostenido, así como identificar la mejor manera de transferir sus buenas prácticas a los demás centros.

Además de conocer el contexto, has de mantener tu enfoque: si emprendes más de tres o cuatro iniciativas importantes en diferentes partes de la organización, corres el riesgo de perder el control. *Piensa en la gestión del riesgo* y crea una carpeta de iniciativas con las que puedas obtener victorias tempranas para que los grandes éxitos en una de ellas compensen los fracasos en las otras.

Cuando estés intentando identificar cómo y dónde conseguir victorias tempranas, ten en cuenta otros dos factores. El primero es no caer en la trampa de *la fruta más fácil de cosechar*. Esa trampa es la que atrapa a los líderes cuando dedican la mayor parte de su energía a buscar victorias tempranas que no contribuyen a conseguir sus objetivos empresariales a largo plazo. El segundo es saber cuáles son para tu jefe las «victorias tempranas». Por ejemplo, para Andy Donovan, eso quería decir pensar mucho sobre cómo responder a la pregunta directa que le había hecho Christine Rau de si pensaba despedir al director regional del tercer centro. Esta pregunta demostraba claramente la preocupación de Christine por ese centro, y para Andy fue una señal evidente de que era ahí donde tenía que concentrar su atención. De todas formas, si Andy despidiera a Barry sin considerar si las ideas y los planes del director darían frutos o si Barry tiene las competencias adecuadas pero simplemente necesita más apoyo, enviaría un mensaje equivocado al resto de los empleados del centro. Utiliza la plantilla de la figura 8.3 para identificar y evaluar tus posibles centros de gravedad.

Tras un periodo de análisis, Andy acabó identificando cuatro iniciativas para conseguir victorias tempranas. Además de cambiar las operaciones del servicio al cliente del tercer centro, Andy

FIGURA 8.3

Evaluador de las victorias tempranas

Para cada uno de los posibles centros de gravedad, responde a cada una de las siguientes preguntas y, después, suma la puntuación total. Los resultados deberían darte una indicación aproximada de las posibilidades que tienes de obtener victorias tempranas e impactantes en esa área determinada.

Posible centro de gravedad: _____

Haz un círculo alrededor de la respuesta que mejor describe el potencial de las victorias tempranas en este centro de gravedad.

	Ninguno	En cierta medida	Un poco	Bastante	En gran medida
¿Ofrece este centro de gravedad la oportunidad de hacer mejoras sustanciales en el rendimiento?	0	1	2	3	4
¿Se puede conseguir esta mejora en un tiempo razonable con los recursos de que dispones?	0	1	2	3	4
¿Contribuye el éxito también a sentar las bases para conseguir los objetivos empresariales pactados?	0	1	2	3	4
¿Considera tu jefe que el éxito en esta área es una victoria importante?	0	1	2	3	4

Ahora suma las cifras que has marcado y escribe el número aquí: _____

El resultado será una cifra entre 0 y 16, que será la medida aproximada que puedes utilizar para comparar el atractivo de diferentes puntos de atención. Obviamente, cuanto mayor sea la cifra, mejor. Las iniciativas con una puntuación superior a 12 son muy buenas apuestas, mientras que las que tienen una puntuación inferior a 8 son insignificantes. Utiliza el sentido común para interpretar estas cifras: si el tema candidato puntúa 0 en la primera pregunta, por ejemplo, no importa que puntúe 4 en todas las demás.

quiso estandarizar las medidas y las evaluaciones de rendimiento en los tres centros, compartir las mejores prácticas del primer centro con los otros dos, y analizar los costes y beneficios de centralizar varias funciones importantes de los centros. Después, empezó a estudiar cómo asegurar los recursos necesarios para llevar a cabo sus acciones y las de su equipo.

El abastecimiento

Una vez que hayas identificado tus objetivos de victorias tempranas, analiza qué recursos necesitas para conseguirlos —personal, financiación y tiempo requerido para ejecutar las iniciativas que has seleccionado—. Esos recursos son el combustible que acciona tus motores de ejecución.

En parte, te abastecerás tomando decisiones importantes sobre qué personas hay en tu equipo y cuál debería ser la dirección estratégica; es decir, definiendo la misión, los objetivos, las competencias centrales de la organización y otros elementos esenciales de la estrategia. Pero también tendrás que prestar mucha atención a los patrones de actividad que existen en la organización: ¿cómo la gente dedica su tiempo y qué dice eso sobre sus prioridades, sus hábitos laborales y sus estrategias individuales? Eso fue, en parte, lo que Andy estuvo estudiando en sus primeros análisis de los tres centros. Las conclusiones le fueron muy útiles cuando llegó el momento de concentrar sus energías en esas iniciativas de victorias tempranas.

Para descubrir esos patrones, pide a los miembros del equipo que has heredado que enumeren las diez cosas principales en las que dedican su tiempo durante una semana normal y el porcentaje aproximado de energía que dedican a cada una de ellas. Evidentemente, deberás tener cuidado a la hora de interpretar los resultados, porque la gente no será del todo transparente. Pero esos datos te dirán qué actividades están recibiendo una cantidad de atención desproporcionada y cuáles se merecen más atención. Sus respuestas también serán útiles para realizar el análisis «detener-modificar-continuar-empezar» que muestra la figura 8.4. En otras palabras, para asegurar las victorias tempranas que te has propuesto, ¿qué has de dejar de hacer para liberar recursos? ¿Qué has de modificar para que los esfuerzos de tus compañeros se correspondan con tus objetivos? ¿Y qué nuevos patrones has de intentar iniciar?

La revisión de Andy Donovan de los patrones de actividad de los tres centros de servicio al cliente de Zetacam puso de manifiesto los proyectos y procesos que estaban consumiendo más valor del que estaban creando. Su estudio también indicó que seguía habiendo una duplicación importante de los esfuerzos entre los tres centros; lo cual justificaba el plan original de fusionarlos y señaló las áreas en las que tendría que concentrarse el nuevo vicepresidente del servicio al cliente. Utilizando toda esa información, Andy fue capaz de planear sus proyectos e iniciativas, y los recursos necesarios para conseguir victorias tempranas.

FIGURA 8.4

Detener-modificar-continuar-iniciar

Identifica qué actividades actuales has de detener, modificar, continuar e iniciar.

Detener	
Modificar	
Continuar	
Iniciar	

Crea tus motores de ejecución

Una vez obtenidos los recursos necesarios para hacer el cambio, construye los motores de ejecución que aseguren que se haga realidad. Esta etapa es fundamental porque, al fin y al cabo, los *métodos que utilices para conseguir victorias tempranas son tan importantes como las propias victorias.* Está claro que el método que utilices para conducir la ejecución será una herramienta muy útil para remendar el mal funcionamiento de la empresa. Por lo tanto, tus motores de ejecución deberían tener una doble misión: facilitar mejoras rápidas y prontas para la organización, y establecer nuevos patrones de comportamiento.

Cada victoria temprana se debería considerar como un proyecto a gestionar. La composición del motor de ejecución derivará naturalmente de tus definiciones de los proyectos, de tu designación de los equipos de proyecto responsables de esas definiciones y de los métodos disciplinados para gestionar los proyectos que tu gente utilice. Evidentemente, tendrás que escoger a la gente adecuada para liderar esos proyectos, y no tienen por qué ser la gente que defiende tu plan. A veces, poner a un escéptico al mando de un proyecto de victorias tempranas resulta útil para ganarte un importante aliado.

Además de pensar a conciencia en el liderazgo del proyecto, también tendrás que ser disciplinado a la hora de definir el enfoque en el proyecto —definiendo con claridad su alcance y sus objetivos— y pensar bien en las políticas involucradas en la supervisión del proyecto y la participación en el mismo. Por ejemplo, sería importante implicar desde el principio a representantes influyentes de los grupos principales para que refuercen el apoyo a los cambios implementados durante el proyecto.

Por último, también tendrás que hacer el inventario de las habilidades y del tiempo que necesitas para poner en práctica los proyectos y, después seguir proporcionando recursos y apoyo. ¿Tienen los equipos del proyecto el tipo de experiencia adecuado? ¿Necesitan los miembros del equipo formación adicional? ¿Más información sobre la resolución de problemas estructurados, por ejemplo, o sobre los métodos para crear equipos? Ese trabajo de inventariado es también una oportunidad para establecer y reforzar nuevas normas de comportamiento.

Cuando estés construyendo tus motores de ejecución, piensa en utilizar la plantilla de planificación de proyectos FOGLAMP que se muestra en la figura 8.5. FOGLAMP es el acrónico de prioridad, supervisión, objetivos, liderazgo, habilidades, medios y procesos (de sus siglas en inglés). Esta herramienta te ayudará a ver más allá y a planificar los proyectos principales.

STARS y el reto de la adaptación personal

Los líderes que se enfrentan a una colección de situaciones STARS tienen que ser conscientes de cómo dirigen cada una de las partes de la organización, y también de cómo se dirigen a sí mismos. A lo largo del libro he hecho hincapié en que los directivos en transición han de conocer tanto los retos del cambio como los retos de la adaptación personal a sus nuevas funciones. Cuando estás ante una combinación compleja de situaciones STARS, normalmente te enfrentas a dos problemas relacionados con la adaptación personal: adaptar tu estilo de liderazgo para tratar adecuadamente cada una de las partes de la empresa y desarrollar a un equipo que te complemente y aproveche tus puntos fuertes, que compense tus deficiencias y canalice tus energías hacia aquellas áreas en las que mejor encajan tus habilidades y tus intereses.

FIGURA 8.5

Plantilla de planificación de proyectos FOGLAMP

Elemento	Plan
Prioridad	
¿Cuál es la prioridad de este proyecto? ¿Dónde conseguirás victorias tempranas?	
Supervisión	
¿Cómo supervisarás este proyecto? ¿Quién más debería participar en la supervisión para que te ayude a obtener la aceptación de los resultados?	
Objetivos	
¿Cuáles son los objetivos? ¿Cuáles son los objetivos intermedios y los plazos para conseguirlos? ¿Quién será el responsable de cada una de las partes del proyecto global?	
Liderazgo	
¿Quiénes liderarán el proyecto? Si se da el caso, ¿qué formación necesitan para prosperar?	
Habilidades	
¿Qué combinación de aptitudes y representación tendrás que incluir? ¿Quiénes deberían participar por sus capacidades o sus conocimientos? ¿Quiénes deberían participar por ser representantes de grupos clave?	
Medios	
¿Qué recursos adicionales necesita el equipo para prosperar?	
Procesos	
¿Hay algún modelo de cambio o proceso estructurado que quieres que utilice el equipo? Si es así, ¿cómo se familiarizarán sus miembros con el método? ¿Cómo asegurarás que lo empleen de una manera disciplinada?	

En las primeras horas, días y meses en tu nueva función, es normal que quieras mirar hacia delante, hacia los retos a los que te enfrentas, las estrategias que quieres emplear, los objetivos profesionales y personales que quieres alcanzar. Sin embargo, te resultará más útil mirar hacia atrás, hacia otras veces en las que hayas estado en alguna situación STARS. Recuerda tus experiencias liderando una *start-up*, una transformación, un crecimiento acelerado, una reestructuración y una situación de éxito sostenido (ver figura 8.6).

¿Están esas experiencias concentradas en una o dos situaciones STARS o son más generales? ¿Cómo encajan tus experiencias con el análisis de la cartera STARS que he comentado al principio del capítulo? Es decir, ¿coincide cada situación con tus puntos fuertes o se centra en una categoría STARS en la que tienes menos experiencia? Recuerda también lo que he comentado en el capítulo 7 sobre los héroes y los administradores. Cuando estás liderando una combinación compleja de situaciones STARS, la cuestión no es si deberías centrarte en ser uno u otro, sino en averiguar qué estilo será más efectivo en cada una de las partes de la empresa, y quién va a ofrecer la combinación adecuada de héroe y administrador.

Por ejemplo, si Andy tiene un estilo de liderazgo heroico es lógico, y quizás apropiado, que quiera concentrarse en la transformación del servicio al cliente del tercer centro. De la misma manera, es apropiado que nombre a un héroe para que lidere al equipo de proyecto encargado de elaborar la estrategia de transformación de este centro. Pero le costará más decidir quién gestionará los centros uno y dos, que tienen una situación de reestructuración y éxito sostenido respectivamente. ¿Podría adaptarse él mismo? Y, en función de su habilidad de modificar su estilo de liderazgo o no, ¿a quién elegiría para liderar los proyectos que darán victorias tempranas en esos centros?

FIGURA 8.6

Traza tu trayectoria STARS

Utiliza la plantilla para trazar tus experiencias con situaciones STARS determinadas. En la primera columna escribe las funciones directivas importantes que hayas desempeñado en tu carrera. Clasifica cada función en base al tipo de situación STARS que lideraste y de las experiencias obtenidas. Pon una marca en las celdas apropiadas, y después suma el número de marcas de cada columna. El resultado te dará una idea aproximada de las experiencias STARS que has tenido hasta el día de hoy.

Función	Start-up	Transfor- mación	Crecimiento acelerado	Reestruc- turación	Éxito sostenido	Cierre
1.						
2.						
3.						
4.						
5.						
6.						
7.						
8.						
9.						
10.						
Total						

Basándote en esta autoevaluación, también tendrás que decidir si te conviene o no convertirte en un generalista de las situaciones STARS. Está claro que hay especialistas para cada situación, sobre todo en el caso de las transformaciones, pero lo cierto es que muchas funciones directivas —y prácticamente todas las carreras empresariales— necesitan a líderes que sepan tratar todo el espectro de las situaciones STARS.

La evaluación del equipo que has heredado también debería reflejar tu conocimiento de la combinación de situaciones STARS que has heredado. ¿Cuentas con el talento apropiado para conseguir tus objetivos? Es bastante habitual que los equipos heredados sepan tratar las reestructuraciones, pero no sepan proceder en el caso de las transformaciones. En esos casos, si tienes que contratar o promocionar nuevo talento, es mucho mejor que tengas en mente los conceptos de la cartera STARS para tomar decisiones mejor informadas. Antes de empezar la ronda de entrevistas, da un paso atrás y pregúntate: ¿Qué parte de la cartera STARS quiero que lidere la persona que voy a contratar? Si sus habilidades encajan con la situación, la oferta debería ser relativamente fácil de hacer.

Lista de verificación: la cartera STARS

1. ¿Qué cartera de situaciones STARS has heredado? ¿Cuáles son las prioridades de la cartera?

2. ¿Cuáles son tus preferencias STARS y qué experiencia tienes en cada una de las categorías? ¿Corres el riesgo de concentrarte más en las categorías que prefieres?

3. Teniendo en cuenta la cartera que has heredado, ¿qué implicaciones tendrán las victorias tempranas que buscas en las diferentes partes de la empresa?

4. ¿Cuáles son los centros de gravedad más prometedores? ¿Hay alguna forma de impulsar la mejora en toda la empresa? ¿Aprovechar los recursos en un área para obtener ganancias en otra?

5. Teniendo en cuenta tus objetivos de victorias tempranas, ¿cómo reunirás los recursos necesarios para conseguirlos? ¿Qué tendrás que dejar de hacer?

6. ¿Cómo construirás y dirigirás los motores de ejecución que necesitas para conseguir victorias tempranas?

Diseñar sistemas de transición-aceleración

A lo largo del libro he analizado las diversas transiciones a las que se enfrentan los líderes y cómo adaptar la estrategia a lo que cada una de las situaciones exige. También he ofrecido consejos sobre qué deberían hacer las empresas para acelerar los diferentes tipos de transición.

Pero para concluir es importante que demos un paso atrás de la diversidad de transiciones y que estudiemos su unidad subyacente. Aunque cada tipo de transición tiene unas características y unas exigencias determinadas, todas ellas presentan a los líderes los mismos imperativos fundamentales: diagnosticar de una forma rápida y segura una situación, concretar el cambio organizacional y la adaptación personal, diseñar un plan que genere impuso y gestionarlo para lograr la excelencia personal.

¿Qué consecuencias tiene para la empresa la aceleración de las transiciones? En primer lugar, las empresas deberían reconocer que *la efectividad en la aceleración de la transición es un elemento esencial de la gestión del riesgo y una fuente potencial de ventaja competitiva.* Si consiguen reducir el índice de fracasos de liderazgo personal en las transiciones, también reducen el riesgo del fracaso organizacional o del bajo rendimiento perjudicial. También, si tú ayudas a los líderes de tu organización a hacer las transiciones de una forma más rápida y efectiva, serás más ágil y receptivo que tus competidores.

Una segunda consecuencia es que las compañías deberían *gestionar la aceleración de la transición como lo harían con cualquier otro proceso empresarial importante.* Gestionar el riesgo de la transición implica poner en práctica las estructuras y los sistemas adecuados para acelerarla. También implica poner en práctica las métricas y los sistemas adecuados para analizar el riesgo de la transición y evaluar rigurosamente los efectos de los sistemas de aceleración de la transición.

Una tercera y última consecuencia es que *no tiene sentido diseñar diferentes sistemas para acelerar diferentes tipos de transición.* Cuando veo empresas que diseñan métodos específicos para contratar, promocionar o hacer traslados internacionales, lo considero una pérdida de tiempo. ¿Por qué? Porque existe una unidad subyacente entre los distintos tipos de transición. Por lo tanto, es factible y deseable que las compañías diseñen unos sistemas unificados para *acelerar cualquier transición.* Esos sistemas constan de una estructura compartida, un conjunto de herramientas y técnicas que ayudan a los líderes a aplicar la estructura adecuadamente según el tipo de transición que estén experimentando, y una red adecuada de personas que desempeñan funciones esenciales de apoyo al proceso.

De esta manera, las empresas son capaces de institucionalizar un «lenguaje» común para acelerar la transición. Los líderes que aprenden este lenguaje en una transición podrán aplicarlo, con las modificaciones adecuadas, a todas las demás. También podrán respaldar las transiciones que se produzcan a su alrededor cuando sus subordinados, compañeros y jefes asuman nuevas funciones.

El objetivo fundamental es integrar el concepto de la aceleración de la transición en el fondo de la cultura corporativa.

¿Cómo deberían las compañías enfocar el diseño de «soluciones» integrales para acelerar la transición? Después de una década trabajando con empresas líderes, he acabado desarrollando un conjunto sólido de «principios de diseño» que podrás aplicar para desarrollar la solución que mejor se adapta a tu empresa.

1. Dar apoyo en el momento oportuno

Las transiciones evolucionan pasando por una serie de etapas previsibles. Los nuevos líderes empiezan sus transiciones con un trabajo de diagnóstico exhaustivo. Conforme van aprendiendo y aclarando su situación, empiezan a definir la dirección estratégica —misión, objetivos, estrategia y visión— para su organización. Cuando la dirección se hace más clara, están mejor equipados para tomar decisiones sobre los aspectos clave de la organización —estructura, procesos, talento y equipo—. Al mismo tiempo, pueden identificar oportunidades para asegurar unas victorias tempranas y empezar a conducir el proceso de cambio.

El tipo de apoyo que los nuevos líderes necesitan va cambiando conforme avanza la transición. Al principio, necesitan apoyo para realizar el diagnóstico. Después, para definir la dirección estratégica, sentar las bases para el éxito, asegurar victorias tempranas, etc. Pero es importante que se les dé el apoyo de un modo fácilmente asimilable. Una vez incorporados a sus nuevas funciones, se sumergirán rápidamente en la corriente de acontecimientos, y puede ocurrir que no tengan demasiado tiempo para aprender, reflexionar y planificar. Si no se les ofrece apoyo en el momento adecuado, es muy probable que cuando se les ofrezca ya no lo utilicen.

El objetivo es proporcionar a los nuevos líderes el apoyo que necesitan, en el momento que lo necesitan, a lo largo de sus transiciones.

2. Aprovechar el tiempo antes de incorporarse

Las transiciones empiezan en el proceso de reclutamiento o selección, y no cuando los líderes se incorporan formalmente al trabajo. Ese periodo previo a la incorporación es un tiempo muy valioso en el que los líderes pueden empezar a aprender sobre sus organizaciones y planificar sus primeros días en el puesto. Una vez que hayan empezado a desempeñar su nueva función, los líderes se verán inevitablemente abrumados por las exigencias del día a día.

Por consiguiente, los sistemas de aceleración deberían estar diseñados para ayudar a los nuevos líderes a sacar el máximo provecho posible del tiempo que disponen entre la selección y su incorporación. Esto quiere decir que tienen que facilitar el proceso de aprendizaje de los nuevos líderes ofreciéndoles la documentación y las herramientas clave que les ayuden a planificar sus primeras actividades de diagnóstico, y al mismo tiempo han de ayudarles a conectar con las personas más influyentes cuanto antes. Para las transiciones de directivos, sería muy útil que tuvieran *coaches* que les guiaran para realizar el diagnóstico antes de incorporarse y realizar informes sobre la situación.

El objetivo es aprovechar el tiempo antes de asumir la función para ayudar al líder a poner en marcha el proceso de aprendizaje.

3. Crear eventos que obliguen a realizar acciones para impulsar el proceso

La paradoja de la aceleración de la transición es que los *líderes en transición suelen sentirse demasiado ocupados para aprender y planificar sus transiciones.* Reconocen que deberían aprovechar los recursos disponibles y dedicar tiempo a planificar su transición, pero las exigencias de su nueva función tienden a desplazar ese trabajo tan importante.

Aunque los procesos de la transición ayuden a los líderes a aprovechar el tiempo previo a la incorporación y les ofrezcan el apoyo necesario en el momento oportuno, también deben tener «eventos que obliguen a la acción». Entre esos eventos están las reuniones prefijadas con los *coaches* o los eventos programados que les permitan reflexionar.

Esto quiere decir que el apoyo en la transición no debería estar diseñado como un proceso que fluye libremente y cuyo ritmo lo marca el líder, sino que es mejor crear una serie de «eventos» específicos para cada etapa —reuniones con el *coach* u otras sesiones—. Después de realizar un diagnóstico de la situación antes de la incorporación y de ayudar al líder a realizar una autoevaluación, por ejemplo, el *coach* y el cliente estarán bien preparados para tener una «reunión de lanzamiento del proceso» altamente productiva.

Si se ofrece *coaching* para la transición, es fundamental que el nuevo líder y el *coach* conecten cuanto antes. Un beneficio de que los *coaches* participen en el diagnóstico de la situación es que ellos tienen un recurso muy valioso que pueden transmitir al nuevo líder y es que conocen la situación. Su conocimiento, ofrecido en las primeras fases tan críticas de la transición, contribuye a consolidar la relación entre el *coach* y el cliente.

El objetivo es crear una serie de eventos que fuercen las acciones que ayudarán a impulsar el proceso de aceleración de la transición.

4. Ofrecer recursos adicionales específicos a cada uno de los tipos de transición

Los principios del libro *Los primeros 90 días* pueden aplicarse perfectamente a cualquier tipo de situación de transición, pero la importancia de la forma de aplicarlos y las prioridades específicas de los nuevos líderes varían significativamente en función del tipo de transición. Por tanto, resulta de gran ayuda identificar los tipos más importantes de transiciones que la compañía necesita respaldar y desarrollar los recursos específicos que va a requerir.

En particular, suelen haber buenas razones para ofrecer a los nuevos líderes recursos adicionales para enfrentarse a los dos tipos más comunes de transiciones:

- **Las promociones.** Ya hemos dicho en el capítulo 1 que, cuando los líderes son promocionados, suelen tener que modificar su enfoque del liderazgo de formas previsibles. Las competencias para tener éxito en el nuevo nivel son bastante diferentes a las que necesitaban para tener éxito en el nivel anterior. A lo mejor, hasta han de desempeñar funciones nuevas, exhibir comportamientos diferentes y relacionarse con sus subordinados de diferente manera. Por consiguiente, se les tendrá que ofrecer una serie de recursos que les ayuden a entender cómo «conseguir el éxito en el nuevo nivel».

- **Las contrataciones.** Ya hemos comentado en el capítulo 4 que, cuando los líderes se incorporan a empresas nuevas o cuando cambian de un departamento a otro, se enfrentan a retos más importantes, como son aprender la nueva cultura, desarrollar el tipo de relaciones y alianzas adecuadas, y adaptarse a las expectativas. En ese caso, los recursos específicos que les ayuden a ver qué necesitan para que «se realicen las cosas» reducirán el riesgo de descarrilamiento y el tiempo para llegar al alto rendimiento. Por ejemplo, cuando trabajé con un cliente de atención sanitaria, desarrollé una serie de estudios de caso, similares a los de la Harvard Business School, sobre la historia y la cultura de la empresa, así como un resumen de las empresas principales.

Esta no es una lista completa de los tipos de transición. Los traslados internacionales, por ejemplo, son también una categoría importante para muchas empresas. Es simplemente un punto de partida para el análisis.

El objetivo es identificar los tipos de transición más importantes que se han de respaldar, y después (1) ofrecer asesoramiento sobre cómo aplicar las estructuras y herramientas básicas y (2) ofrecer los recursos adicionales específicos al tipo de transición.

5. Adaptar la entrega de los recursos y su magnitud al nivel del líder

Si el coste no fuera un problema, todos los líderes en transición obtendrían apoyo intensivo y altamente personalizado. En un mundo ideal, a los líderes nuevos se les asignaría un *coach* que haría un diagnóstico independiente e informaría a la persona sobre los resultados antes de su incorporación. El *coach* ayudaría al líder a realizar su autoevaluación y a identificar los principales factores de riesgo de la transición. El *coach* también le ayudaría en la planificación del diagnóstico y la determinación de objetivos, le asistiría en la evaluación y el desarrollo del equipo, obtendría *feedback* sobre cómo lo está haciendo el líder y, por supuesto, estaría disponible cuando el nuevo líder necesitara hablar con él sobre algún asunto específico.

Puesto que el efecto de los directivos en la empresa es enorme, es casi siempre lógico que se les ofrezca algún tipo de *coaching*, pero desde el punto de vista económico, normalmente no tiene sentido ofrecer *coaching* a los líderes de niveles inferiores.

La solución es triple. Primero, identificar métodos alternativos para ofrecer apoyo durante la transición —por ejemplo, *coaching* versus sesiones de seguidores, versus talleres de trabajo virtuales y aprendizaje autoguiado—. Segundo, evaluar los costes y beneficios relativos del apoyo. Y, tercero, adaptar el método y el alcance de la ayuda a los niveles de liderazgo para maximizar el rendimiento de la inversión (ver figura C.1).

El objetivo es ofrecer métodos de ayuda que maximicen el rendimiento de la inversión correspondiente en función del nivel del líder en transición.

6. Aclarar las funciones y alinear los incentivos de los principales defensores

En todas las transiciones hay mucha gente que puede influir en el éxito de la transición. Entre los protagonistas más importantes están los jefes, los compañeros, los subordinados, el personal de recursos humanos, los *coaches* y los mentores. Aunque la responsabilidad principal de apoyar una transición puede ser asignada a una sola persona —generalmente un *coach* o una persona de recursos humanos—, es importante que pienses en la función de apoyo que otros pueden realizar y que identifiques la mejor manera de animarles a hacerlo.

Por ejemplo, un jefe tiene la misión de hacer que el nuevo líder se ponga al día rápidamente, pero también tiene que seguir trabajando en sus obligaciones diarias. A los jefes y otros participantes principales, se les ha de ofrecer las herramientas y las directrices para que puedan prestar ayuda efectiva a sus nuevos subordinados. El personal de recursos humanos también ha de prestar apoyo a los líderes contratados ayudándoles a navegar en su nueva cultura. Pero ambas partes han de saber lo que tienen que hacer y deben tener incentivos para hacerlo.

El objetivo es poner a los jugadores clave en el «vecindario» del nuevo líder para que puedan ofrecerle el apoyo que necesitan para su transición.

FIGURA C.1

Adaptar el modo de entrega al nivel de liderazgo

	Modos de entrega del apoyo a la transición
Supervisores de primera línea	Series de seminarios en línea y libros de trabajo o un programa de un día y apoyo de lanzamiento inicial.
Director de supervisores	Un taller de trabajo intensivo de dos días y apoyo de lanzamiento inicial.
Líder de función (normalmente, director)	*Coaching* de aceleración para los directores (menos intensivo).
Líder de unidad empresarial	*Coaching* de aceleración para líderes de unidades empresariales (más intensivo).
Líder de grupo	Planificación de la transición personalizada y *coaching*
Ejecutivo de nivel C	Planificación de la transición personalizada y *coaching*

En resumen, los objetivos principales del diseño de los procesos de transición son:

- Institucionalizar un lenguaje común que los jefes, subordinados y compañeros utilicen para hablar de los temas esenciales de la transición.

- Ofrecer a los nuevos líderes el apoyo que necesiten y cuando lo necesiten a lo largo de sus transiciones.

- Aprovechar el tiempo previo a la incorporación para arrancar el proceso de diagnóstico.

- Crear una serie de eventos que generen acciones para hacer avanzar el proceso.

- Identificar los tipos de transición más importantes que hay que apoyar. (1) Ofrecerles directrices sobre cómo aplicar las estructuras y herramientas esenciales, y (2) ofrecer recursos adicionales para apoyar la transición cuando sea necesario.

- Ofrecer apoyo de tal manera que maximice el rendimiento de la inversión según sea el nivel del líder en transición.

- Hacer que los jugadores clave estén en el «vecindario» del nuevo líder para proporcionarle el tipo y la cantidad de apoyo que necesite.

NOTAS

Capítulo 1

1. Ver capítulo 1 de Michael Watkins, *Los primeros 90 días* (Barcelona: Editorial Reverté, 2018).

2. Ver B. Joseph White y Yaron Prywes, *The Nature of Leadership: Reptiles, Mammals, and the Challenge of Becoming a Great Leader* (Washington: Amacom Books, 2006).

3. Drucker desarrolló esta idea en su clásico *The Effective Executive*, publicado originalmente en 1966. Ver Peter Drucker, *The Effective Executive: The Definitive Guide to Getting the Right Things Done* (New York: Collins Business, 2006).

4. William Shakespeare, *Como gustéis*, Acto II, Escena VII, líneas 139-166.

5. El marco del pipeline del liderazgo fue desarrollado en el libro de Ram Charan, Stephen Drotter y James Noel, *The Leadership Pipeline: How to Build the Leadership-Powered Company* (San Francisco: Jossey-Bass, 2000). En mi opinión es un buen marco, aunque algo incompleto, para analizar los retos de la transición. He considerado oportuno incluirlo aquí junto con algunas adiciones y modificaciones.

6. Esas promociones eran relativamente recientes para algunos de los participantes, y quizás estaban todavía confusos cuando respondieron a las preguntas del estudio. Pero, incluso teniendo en cuenta que era una experiencia reciente, creo que es justo decir que el cambio de director de función a director de unidad de negocio es una transición que vale la pena estudiar. A pesar de que hay estudios realizados por Linda Hill de la Harvard Business School y de otras personas sobre el reto de ser

director por primera vez, es curioso que se haya escrito tan poco sobre la experiencia de ser ascendido de director de función a director de unidad de negocio. Ver Linda Hill *Becoming a Manager: How New Managers Master the Challenges of Leadership* (Boston: Harvard Business School Press, 2003).

7. «Seven seismic shifts» es una marca de Genesis Advisers LLC.

8. Para más información sobre las sorpresas predecibles, ver *Predictable Surprises: The Disasters You Should Have Seen Comingand How to Prevent Them* (Boston: Harvard Business School Press, 2004) de Max Bazerman y Michael Watkins.

Capítulo 2

1. Ver Elisabeth Kübler-Ross, *On Death and Dying* (New York: Scribner, 1966). Ver también una buena descripción del modelo en https://cutt.ly/2rehd6C.

2. Para más información sobre el proceso justo, ver W. C. Kim y R. Mauborgne, «Fair Process: Managing in the Knowledge Economy», *Harvard Business Review,* julio-agosto 1997.

3. Se cree que este proceso fue desarrollado por un equipo de recursos humanos de General Electric a principios de los setenta. Ver Steven V. Manderscheid y Alexandre Ardichvili, «New Leader Assimilation: Pruess and Outcomes», *Leadership & Organization Development Journal* 29, no. 8 (2008): 661-677.

Capítulo 3

1. Jim Sebenius y David Lax desarrollaron la idea de ganar y bloquear coaliciones. Ver D. Lax y J. Sebenius, «Thinking Coalitionally», in *Negotiation Analysis,* ed. P. Young (Ann Arbor: University of Michigan Press, 1991).

2. Para más información sobre la secuenciación y su papel en la creación de alianzas, ver Lax y Sebenius, «Thinking Coalitionally», y

J. Sebenius, «Sequencing to Build Coalitions: With Whom Should I
Talk First?», en *Wise Choices: Decisions, Games, and Negotiations,* eds. R.
Zeckhauser, R. Keeney, y J. Sebenius (Boston: Harvard Business School
Press, 1996).

Capítulo 4

1. Esta conclusión deriva del mismo estudio de 1.200 directores de
recursos humanos con los 143 participantes que se mencionan en la
introducción.

2. Esta es una adaptación del trabajo de Edgar Schein. Schein desarrolló una estructura para analizar la cultura a tres niveles: objetos, normas y suposiciones. Los objetos son los signos visibles que diferencian
una cultura de otra, incluidos símbolos como las banderas nacionales,
los himnos, y el estilo de vestir. Las normas son reglas compartidas que
guían el «comportamiento correcto» —por ejemplo, las que hacen referencia a la forma de saludar y de comer— y a la conducta apropiada a
la gente de diferentes niveles en la jerarquía social. Las suposiciones son
las creencias más profundas, a menudo tácitas, que inspiran y sustentan
a los sistemas sociales. Ver Edgar H. Schein, *Organizational Culture and
Leadership* (San Francisco: Jossey-Bass, 1992).

3. Hay muchos libros sobre las redes sociales y su influencia. Un
artículo para principiantes es el de D. Krackhardt y J. R. Hanson,
«Informal Networks: The Company Behind the Chart», *Harvard
Business Review,* julio-agosto, 1993).

Capítulo 5

1. Esto hace referencia a un libro muy útil sobre la cultura de la
empresa escrito por Terri Morrison y Wayne Conaway, *Kiss, Bow, or
Shake Hands: The Bestselling Guide to Doing Business in More Than 60
Countries* (Cincinnati: Adams Media, 2006).

Capítulo 6

1. Este es un de los modelos organizacionales de sistemas abierto que existen. El original es el modelo 7-S de McKinsey que fue desarrollado en los sesenta. Para más información, ver Jeffrey Bradach, «Organizational Alignment: The 7-S Model», Harvard Business School Note 497045, 1996.

2. 3-D Business Strategy es una marca registrada de Genesis Advisers LLC.

3. Ver Robert S. Kaplan y David P. Norton, *The Balanced Scorecard: Translating Strategy into Action* (Boston: Harvard Business School Press, 1996), así como otros libros que siguieron a este sobre las métricas y estrategias.

Capítulo 7

1. Ver, por ejemplo, «Influencing Behavior», capítulo 2 en P. Zimbardo y M. Leippe, *The Psychology of Attitude Change and Social Influence* (New York: McGraw- Hill, 1991).

2. Para más información sobre esta y otras estrategias de influencia, ver Michael Watkins, «The Power to Persuade», Harvard Business School Note 800323, 2000.

3. Este concepto está inspirado en mi contacto con los trabajos de Richard Olivier y Nicholas Janni, fundadores de Olivier Mythodrama. Hacen un trabajo formidable con los arquetipos de liderazgo, basándose en la investigación fundamental de Joseph Campbell sobre el «viaje del héroe», así como en los trabajos de la psicología junguiana.

Capítulo 8

1. Stephen Covey, *The Seven Habits of Highly Effective People* (New York: Free Press, 2004).

ÍNDICE

actitudes, cambio de, 167–170
adaptación
    cultural, 91-96, 104–105
    dinámica, 145, 150-151
administradores, 171–173
alianzas, 66-68
    creación de, 78
    de apoyo, 3
    ganadoras, 70–71
    que bloquean, 70–71, 74–75
alineación organizacional, 144,
    149–150
alternativas, 76–77
ambigüedad, 17, 20
ampliar tu perspectiva, 18–19
análisis
    de la cartera STARS, 182–184
    del sistema empresarial,
    137–151
analistas, 100
aprendizaje, 2, 91
ascensos. *Véase* promociones
aumento progresivo, 77–78
autopromoción, 15

autoridad
    confundir cargos por, 97–98
    establecer tu, 48–49
    posicional, 21–22

buscar problemas, 29–30

cambio
    alternativas al, 76–77
    cultural, 96
    de actitudes y comportamien-
      tos, 167–170
    ejecución del, 185–192
    enfoque agresivo al, 89
    impulso para, 77–79
    organizacional, 8
    personal, 7
    transformación versus restruc-
      turación, 161–164
caminos para el desarrollo profe-
    sional, 34–36
canales de comunicación, 22
cargos, confundir por autoridad,
    97–98, 101

clientes, 99–100
  externos, 99–100
  internos, 99
clima organizacional, 142–143
coalición reactiva, creación de
    una, 65
compañeros
  alistar a antiguos, 46–48
  como parte interesada, 98
  liderar antiguos (*véase* reto de
    liderar a antiguos compañe-
    ros)
  trabajar con nuevos, 56–58
compañías. *Véase* organizaciones
competencias específicas del nivel,
    16, 23–26
complejidad, 17, 19
comportamientos, cambio de,
    167–170
comunicación, canales de, 22
conflicto, 94
conjunto de capacidades, 152,
    153
conseguir resultados, 95
consultores de la empresa, 166
contexto empresarial
  exterior, 138, 139, 150–151
  interior, 138, 139–140,
    142–143
contratación
  integrarla en la incorporación,
    107–108
  modelo STARS, 175
control en exceso, 19–20

conversación para rectificar el
    rumbo, 104
Critical Career Crossroads,
    estructura, 24
cultura
  corporativa, 91–96, 104–105
  de trabajo, 143
  entender culturas extranjeras,
    128–130
  organizacional, 91–96, 104–105
cambio, estrategia del, 165–170
culturas extranjeras, 128–130
cumbre de la diplomacia, 78–79

decisiones. *Véase* toma de deci-
    siones
defensores, 73, 74, 76
delegación, 20–21
desarrollo del equipo, 175
desarrollo profesional, caminos
    para el, 34–36
dinámicas políticas, 72
diplomacia, cumbre de la, 78–79
diplomacia corporativa, 61–80
  alianzas y, 66–68
  ámbito de influencia, 69–75
  caso de, 61–64
  definición, 65–66
  desarrollar la estrategia de in-
    fluencia, 75–79
  lista de verificación, 79–80
  objetivos de influencia, 68–69
  reto, 64–65
  visión general, 65–66

directivo medio, 25
director de supervisores, 24
diseño organizacional, 28–29
distribución de recursos, 104
Drucker, Peter, 20

ejecución, 94, 185–194
empresa, consultores de la, 166
entorno empresarial
entorno empresarial # adaptación
    dinámica al, 150–151
equipos
    aportar a tu propia gente, 90
    complementarios, 173–174
    de liderazgo, 3, 152, 153
    desarrollar equipos complemen-
        tarios, 173–174
    desarrollo de, 175
    liderazgo, 152, 153
    multifuncionales, 27
    proyecto, 192
    traslado internacional y crea-
        ción de, 124–126
espiral reconocer-recuperarte-re-
    calibrar, 95
estilo de liderazgo, 103, 170–174
estrategia del cambio, 165–170
estrategia empresarial, 142–151
estrategia empresarial 3-D,
    144–151
estructura corporativa, 98–99
estructura de la empresa, 138
estructura de *Los primeros 90 días*,
    2–3

estructura organizacional, 152–155
ética, 122–123
eventos que obligan a actuar,
    200-201
expectativas
    alineación de, 101–104, 106–108
    conversación sobre las, 104
    de las partes interesadas, 141
    gestionar las, 115
    negociar las, 102–103
    no expresadas, 101–102

familias, traslados internacionales
    y, 116–117
FOGLAMP plantilla de planifica-
    ción de proyectos, 192, 193

globalización, 114
    Véase también reto del traslado
        internacional
gobierno, 100

hechos versus opiniones, 165–133
héroes, 171–173
horizonte de impacto, 17, 18–20

incentivos, 149–150, 169
indicadores de rendimiento, 166
influencia, 21–22, 64–65
    como norma cultural, 94
    conocer el ámbito de la, 69–75
    estrategia para, 75–79
    informal, 99
    objetivos de, 68–69

información, sistemas de, 126–128
ingeniería de las relaciones, 44–54
inmunología organizacional, 88–91
inteligencia competitiva, 127
intención estratégica, 28
intereses, 76
intérpretes culturales, 95

jefe
    apoyo a la transición por el, 204–205
    como parte interesada, 98
    conversaciones con el nuevo, 103–104
    trabajar con un nuevo, 58–59

Kaplan/Norton Balanced Scorecard, 148
Kübler-Ross, Elisabeth, 47

legisladores, 100
Ley americana de prácticas corruptas en el extranjero, 121
líder de grupo, 25
liderar proyectos, 191–192
liderazgo
    estilo de, 103, 170–174
    evaluación, 168
    presencia del, 23
    proyecto, 191–192
líderes
    de unidad de negocio, 25–31

proceso de asimilación para, 53–55, 106
    sistemas para acelerar la transición de, 197–206
líderes de función
    competencias y trampas, 24
    transición a líder de unidad de negocio, 26–31
Los primeros 90 días, estructura, 2–3
Los primeros 90 días (Watkins), 2, 3–6

marco operativo, 149–150
medios de comunicación, 100
modelo empresarial, 144, 144–149
modelo STARS, 8, 136, 174–176
modelos de competencia, 32–33
modelos de función, 30
modo de entrega, para el apoyo en la transición, 203–204

normas culturales, identificación, 94–95

objetivos de influencia, 68–69
opiniones, versus hechos, 165–166
oponentes, 73–75, 167
organizaciones
    dinámica política dentro de, 72
    inmunología de las, 88–91
    reestructuración de, 5–6

sistemas para acelerar la transición, 197–206
transformación, 5
unirse a una nueva, 5
orientación hacia exterior en las reestructuraciones, 166

parámetros, 168
del rendimiento, 168–169
partes interesadas, 98–100, 141
participantes externos, 29
participantes influyentes, 70
patrones de actividad, 189
peldaños, 35
pensamiento estratégico, 28–29
persuasibles, 73
planes, 67, 98, 100
planificación de la sucesión, 175–176
política organizacional, 17, 21–22
prácticas empresariales, local, 121–123
presencia del liderazgo, 23
primera línea, distancia de, 17
primeras impresiones, 114–116
prioridades estratégicas, 126–128, 148
problemas
buscar, 29–30
centrarse en, 90
crear conciencia de, 165–167
de incumplimiento en los traslados internacionales, 121–123

diagnóstico compartido de, 168
esenciales, 19
proceso de asimilación del nuevo líder, 53–55, 106
procesos centrales, 152, 154
promociones, 4.
a líder de unidad de negocio, 26–31
ampliar el horizonte de impacto, 17, 18–20
antiguos compañeros decepcionados, 46–48
apoyo para, 202
asegurar el éxito, 32–36
aumento de la complejidad, 17, 20–21
canales de comunicación, 22
caso de, 11–15
competencias específicas de cada nivel, 16, 23–26
desde dentro, 166–167
distancia de las primeras líneas, 17
lista de verificación, 36–37
mayor vigilancia, 17, 23
política organizacional, 17, 21–22
problemas de, 7, 11–37
reto de la adaptación personal, 31–32
ritos de iniciación, 45–46
trabajar con nuevos compañeros y jefes 56–58
Véase también reto de liderar a antiguos compañeros

proveedores, 100
 externos, 100
 internos, 99

reconocer-recuperarte-recalibrar,
 espiral, 95
reconocimiento, 94
recursos, distribución de, 104
redes
 de apoyo, 116–117
 de apoyo a las familias,
  116–117
 de asesoramiento, 32
 de influencia, 71–73
 nuevas después de la promoción, 56–59
reestructuraciones, orientación
 hacia exterior en las, 166
relaciones, 66, 66, 96–97
 ingeniería de las, 44–54
 políticas, 96–98, 105–106
 verticales, 97
rendimiento
 indicadores de, 166
 parámetros del, 168–169
resultados, conseguir, 95
reto de la adaptación personal, 7
 en las promociones, 31–32
 STARS, 192, 194–196
reto de la cartera STARS, 6,
 179–196
 caso de, 179–182
 conducir la ejecución, 185–194
 lista de verificación, 196

reto de la adaptación personal,
 192, 194–196
 visión general, 182–184
reto de la incorporación, 5, 7,
 81–109
 adaptación cultural, 91–96,
  104–105
 alinear expectativas, 101–104,
  106–109
 apoyo al, 202
 caso de, 81–86
 crear relaciones políticas,
  96–98, 105–106
 crear sistemas de incorporación,
  104–108
 inmunología organizacional,
  88–91
 lista de verificación, 108–109
 modelo STARS 176–176
 selección, 107–108
 visión general, 87–88
reto de la reestructuración, 5,
 157–177
 caso de, 157–161
 estilo de liderazgo, 170–174
 estrategia de cambio,
  165–170
 lista de verificación, 176–177
 modelo STARS, 174–176
 versus reto de la transformación, 161–164
 visión general, 161–164
reto de la transformación, 5, 7,
 96, 133–156

análisis del sistema empresarial, 137–151

caso de, 133–136

estrategia empresarial, 142–151

estructura organizacional, 152–155

lista de verificación, 155–156

versus reto de la reestructuración, 161–164

visión general, 136–138

reto de liderar a antiguos compañeros, 5, 39–60

caso de, 39–42

establecer la autoridad, 48–49

ingeniería de las relaciones, 44–54

lista de verificación, 59–60

proceso de asimilación de los nuevos líderes, 53–55

reuniones fuera de la oficina, 51–54

trabajar con nuevos compañeros y jefes, 56–59

visión general, 42–44

reto del cambio organizacional, 5, 8, 15–16

declaración del, 13

reto del traslado internacional, 5, 7, 111–131

caso de, 111–114

creación de equipos y, 124–126

estereotipos y, 119

familias, 116–117

lista de verificación, 131

llegada, 117–121

principios para el éxito, 115–116

prioridades estratégicas y, 126–128

problemas de incumplimiento, 121–123

síndrome del turista y, 128–130

visión general, 114–116

retos

adaptación personal, 7

cambio organizacional, 8

centrales, 4–6

Véase también tipos específicos

reuniones

como norma cultural, 94

cumbre, 78–79

fuera de la oficina, 51–54

individuales, 57, 78–79

sector no lucrativo, 100

secuenciación, 78

sistema inmunológico de la compañía, 88–91

sistemas de información, 126–128

sistemas para acelerar la transición, 197–206

situaciones empresariales, 103

estrategia de cambio de, 165–170

evaluación de, 161

modelo STARS, 174–176

situaciones poco éticas, 122–123

subordinados, 98–99
sucesión, planificación de la, 175–176
supervisores de primera línea, 24

talento
  buscar, 90
  gestión, 175–176
técnicas para resolver problemas, 29–30
tender puentes, 169–170
termodinámica organizacional, 185
titular de la función, 30
toma de decisiones
  estrategia para influir en la, 75–79
  influir en, 21–22
  proceso justo para la, 49–51
trampa de la fruta más fácil de cosechar, 187

transición, sistemas para acelerar la, 197–206
transiciones profesionales
  a líder de unidad de negocio, 26–31
  apoyo oportuno para las, 199
  comunes, 4–5
  exitosas, 1
  fracasadas, 1–2
  retos de las, 1, 4–6
  sistemas de aceleración de, 197–206

victorias tempranas, 3, 170, 185–190
visibilidad, 18, 22–23
visión, 150

zonas de juego, 35

EL AUTOR

Michael D. Watkins es experto mundial en la aceleración de las transiciones. Es autor del bestseller internacional The First 90 Days: Proven Strategies for Getting Up to Seed Faster and Smarter, que se ha convertido en una referencia clásica de los líderes en transición y entró en el año 2016 en la lista de Amazon de los «100 libros que has de leer sobre liderazgo y éxito».

Watkins es cofundador de Genesis, una consultoría especializada en el desarrollo del liderazgo con sede en Boston, Massachusetts, que ofrece soluciones a los líderes, equipos y organizaciones, sobre la aceleración de la transición y la incorporación. En Genesis, está especializado en el coaching a los consejeros delegados de multinacionales. Es también profesor en la IMD business school de Lausanne, Suiza. Anteriormente, fue miembro de la facultad de INSEAD, de Harvard Business School y de Kennedy Scholl of Government de Harvard.

Es autor o coautor de cinco libros y de numerosos artículos sobre liderazgo y transiciones. Entre sus publicaciones están: «Picking the Right Transition Strategy», «How Managers Become Leaders», «Onboarding Isn't Enough», y «Too Many Projects», todos ellos han sido publicados en la *Harvard Business Review*.

Serie Inteligencia Emocional
Harvard Business Review

Esta colección ofrece una serie de textos cuidadosamente seleccionados sobre los aspectos humanos de la vida laboral y profesional. Mediante investigaciones contrastadas, cada libro muestra cómo las emociones influyen en nuestra vida laboral y proporciona consejos prácticos para gestionar equipos humanos y situaciones conflictivas. Estas lecturas, estimulantes y prácticas, ayudan a conseguir el bienestar emocional en el trabajo.

Con la garantía de **Harvard Business Review**

Participan investigadores de la talla de
Daniel Goleman, Annie McKee y **Dan Gilbert**, entre otros

Disponibles también en formato **e-book**

Solicita más información en revertemanagement@reverte.com
www.reverte.com
@revertemanagement

Guías Harvard Business Review

En las **Guías HBR** encontrarás una gran cantidad de consejos prácticos y sencillos de expertos en la materia, además de ejemplos para que te sea muy fácil ponerlos en práctica. Estas guías realizadas por el sello editorial más fiable del mundo de los negocios, te ofrecen una solución inteligente para enfrentarte a los desafíos laborales más importantes.

Monografías

Michael D Watkins es profesor de Liderazgo y Cambio Organizacional. En los últimos 20 años ha acompañado a líderes de organizaciones en su transición a nuevos cargos. Su libro, **Los primeros 90 días**, con más de 1.500.000 de ejemplares vendidos en todo el mundo y traducido a 27 idiomas, se ha convertido en la publicación de referencia para los profesionales en procesos de transición y cambio.

Las empresas del siglo XXI necesitan un nuevo tipo de líder para enfrentarse a los enormes desafíos que presenta el mundo actual, cada vez más complejo y cambiante.

Este libro presenta una estrategia progresiva que todo aquel con alto potencial necesita para maximizar su talento en cualquier empresa.

Publicado por primera vez en 1987 **El desafío de liderazgo** es el manual de referencia para un liderazgo eficaz, basado en la investigación y escrito por **Kouzes** y **Posner**, las principales autoridades en este campo.

Esta sexta edición se presenta del todo actualizada y con incorporación de nuevos contenidos.

¿Por qué algunas personas son más exitosas que otras? El 95% de todo lo que piensas, sientes, haces y logras es resultado del hábito. Simplificando y organizando las ideas, **Brian Tracy** ha escrito magistralmente un libro de obligada lectura sobre hábitos que asegura completamente el éxito personal.

Crear un equipo y un entorno donde la gente pueda desarrollar bien su trabajo es el mayor reto de un líder, a quien también se le exige que mejore el rendimiento de su equipo a través de un liderazgo innovador. **La Mente del Líder** ofrece importantes reflexiones y puntos de vista que nos muestran el camino a seguir para que todo esto suceda.

Enfrentar el cambio radical que provocará la IA puede resultar paralizante. **Máquinas predictivas** muestra cómo las herramientas básicas de la economía nos dan nuevas pistas sobre lo que supondrá la revolución de la IA, ofreciendo una base para la acción de los directores generales, gerentes, políticos, inversores y empresarios

Nuestra atención nunca ha estado tan sobrecargada como lo está en la actualidad. Nuestros cerebros se esfuerzan para realizar múltiples tareas a la vez, mientras ocupamos cada momento de nuestras vidas hasta el límite con distracciones sin sentido.

Hyperfocus es una guía práctica para manejar tu atención: el recurso más poderoso que tienes para hacer las cosas, ser más creativo y vivir una vida con sentido.

Make Time es un manifiesto encantador, una guía amigable que nos ayudará a encontrar la concentración y la energía en nuestro día a día.

Se trata de dedicar tiempo a lo realmente importante fomentando nuevos hábitos y replanteando los valores adquiridos fruto de la actividad frenética y de la distracción.

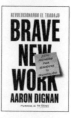

La obra de **Aaron Dignan** es una lectura obligada para todos aquellos interesados por las nuevas formas de trabajo. Un libro del todo transgresor que nos explica exactamente cómo reinventar nuestra forma de trabajar, dejando atrás los clásicos sistemas jerárquicos verticales, y potenciando la autonomía, la confianza y la transparencia. Una alternativa totalmente revolucionaria que ya está siendo utilizada por las startups más exitosas del mundo.

También disponibles en formato e-book

Solicita más información en
revertemanagement@reverte.com
www.reverte.com